Schlanke haben kein Geheimnis.
Warum essen nicht dick macht - II

„Und jedem Anfang wohnt ein Zauber inne,
der uns beschützt und der uns hilft zu leben."

Hermann Hesse

Lena Bredow

Schlanke

haben *kein* Geheimnis.

Warum essen nicht dick macht II

Bredow, Lena
Schlanke haben kein Geheimnis.
Warum essen nicht dick macht - II
ISBN 3-8334-2260-2
1. Auflage, 2005
Layout & Covergestaltung: Ralf Maier
Herstellung und Verlag: Books on Demand GmbH, Norderstedt

Inhalt

Ein Buch kommt durch die Hintertür.

(Statt eines Vorworts)

Als im Juni 2003 mein erstes Buch **„warum essen nicht dick macht"** erschien, hatte ich niemals eine derart große Resonanz erwartet.
In meinem kleinen Verlag, der so gut wie keine Werbung machen konnte, war das kleine Abnehm-Büchlein in kürzester Zeit „Bestseller". Nach genau einem Jahr stieg es auch bei BOD in die Sachbuch-Bestsellerliste ein.
Das Feedback, das ich über E-Mails bekam, war fast ausschließlich positiv. Gerade das *Fehlen* von fachbezogenen Erklärungen und Formeln, ersetzt durch eine unkomplizierte und glasklare Logik, kam bei den Lesern offensichtlich bestens an.

„Einfache Menschen haben die Arche gebaut, Fachmänner die Titanic"

Je bekannter ich in der Abnehmwelt wurde, umso häufiger wurden allerdings auch negative Rezensionen beim größten Online-Buchhandel amazon.de geschrieben. Bezeichnend ist, dass viel populärere Autoren für ihre Werke vielleicht zwei oder drei Beurteilungen einheimsten. Ich hatte, Stand Juni 2004, sage und schreibe 38 Rezensionen.

Übrigens genauso viele wie Udo Pollmers Bestseller *Lexikon der populärsten Ernährungsirrtümer.*
Dieser Gleichstand der Rezensionen ehrt mich - und wunderte mich nicht wirklich. Ich mag Herrn Pollmers rebellische Art, Klischees und Studien kritisch zu hinterfragen, sehr gerne. Genau dasselbe habe ich in Sachen Abnehmen auch getan. Allerdings ganz vorne an der Front, nämlich in Zusammenarbeit mit übergewichtigen Menschen.
Und hier liegt auch der große Erfolg meiner Bücher und Abnehmgruppen.

Ein Biologe wird die Welt immer biologisch erklären, ein Chemiker eben chemisch und ein Mathematiker mathematisch. Ich bin in erster Linie ein natürlich schlanker **Mensch**.

Die Abnehm-Philosophie wurde in jahrelanger Zusammenarbeit mit „betroffenen *Menschen*" entwickelt. Ich habe mir nicht nur deren Essverhalten, sondern, was viel elementarer ist, *das Verhältnis zum Essen angeschaut.* Der Grundstein für den Erfolg meiner Gruppen lag und liegt deshalb auch sicherlich in meinem *menschlichen* Lösungsweg.

Und dennoch: Wer behauptet ***„iss doch einfach wieder, wenn du dünner werden möchtest"***, kann weder Positives von Ernährungsfachleuten erwarten, die dicke Wälzer über biochemische Abläufe schreiben, noch von dem einen oder anderen Molligen, der vielleicht jahrzehntelang nach Essensvorschriften gelebt hat und nun vom Inhalt enttäuscht war.

Keine Tabellen, keine Rezepte und absolut keine Verbote. Und so soll abnehmen funktionieren? Ja, so funktioniert abnehmen tatsächlich.
Informationen über Diäten gibt es mehr als genug. Jeder Übergewichtige ist bestens informiert. Die Methoden können dabei gegensätzlicher und verwirrender nicht sein. Offensichtlich habe ich mit meinem „einfachen Anti-Diät Buch" viele Herzen getroffen und zudem in das eine oder andere Wespennest gestochen, gut so!

Das Nachfolgebuch ***„Schlanke haben kein Geheimnis"*** beantwortet auch noch die allerletzte Frage. Falls nicht, bin ich jederzeit im Forum auf meiner Internetseite zu erreichen oder gerne auch per E-Mail. Alle wichtigen Adressen sind am Ende des Buches aufgeführt.

Ich sehe es heute als großes Geschenk, „zufällig" ein schlanker Mensch geblieben zu sein. So geriet ich niemals selbst in die Hunger- und Diätenmaschinerien, die von Fachmenschen gebastelt wurden und die irgendwann den Blick fürs Wesentliche zerstören.
Mein Blick ist der einer natürlich schlanken Frau, die Nahrung nie mit Angst, Frust, Gier und Verzicht in Zusammenhang brachte. In vielen Fällen sind das nämlich die wahren Schuldigen für Gewichts- und Figurprobleme.

Die Logik und mit ihr die unglaubliche Leichtigkeit der Umsetzung in den Alltag kommt in meinen Abnehmbüchern über die Evolution, ihre klugen Überlebens- und Anpassungsmechanismen. Sie gilt es zu verstehen.

Ungefähr die Hälfte der Amerikaner glauben tatsächlich nicht an die Evolution. Sie schlagen alle Knochenfunde und wissenschaftliche Erkenntnisse in den Wind und sind davon überzeugt, dass es die Erde erst seit ca. 6000 Jahren gibt und vom ersten Tag an alle Lebewesen fix und fertig entwickelt auf ihr wohnten. Demnach kann es für sie auch keine Anpassung der Organismen an die unterschiedlichen Lebensräume geben.
Es ist nicht meine Intention, sie von der Evolutionstheorie zu überzeugen.

Dennoch, um Evolutionsgegner erst gar nicht auf den Plan zu rufen, habe ich die „Evo" dieses Mal in „Mutter Natur" umgetauft. Die Existenz der Natur wird am Ende sicherlich niemand bestreiten wollen.

Auch der Ehrgeiz, einen Literaturpreis gewinnen zu wollen, liegt mir völlig fern. Ich bin Fitnesstrainerin und habe keine journalistische Ausbildung. Ich schreibe gerne und weiß etwas über meine langjährige Arbeit zu berichten, das war's auch schon.

Alle Menschen, deren Geschichten in meinem Buch erzählt werden, kenne ich entweder persönlich, von vielen E-Mail-Schriftwechseln oder aus meinem Forum im Internet. Mit einigen verbindet mich inzwischen eine tiefe Freundschaft.
An dieser Stelle möchte ich mich zutiefst für deren Offenheit und das große Vertrauen, das mir entgegengebracht wurde, bedanken.

Dieses Buch hätte ohne euch so nicht entstehen können.

Dank eurer Hilfe und euren Geschichten wurde es zu einem ganz besonderen Ratgeber: von Abnehmwilligen für Abnehmwillige.
Die Namen aller Personen habe ich verändert, ihre „Zunehm-Schicksale" aber 1:1 übernommen. Ähnlichkeiten mit lebenden Personen sind deshalb sehr wahrscheinlich und durchaus beabsichtigt.
Beim *„du"* werde ich übrigens trotz aller Kritik auch in diesem Buch bleiben. Schließlich habe ich ein Anliegen, das sehr persönlicher Natur ist, und ich ringe um Vertrauen.
Hier also vorab die offizielle Warnung an all die Leser, die mit meiner persönlichen Anrede nicht einverstanden sind: *Ich werde Sie mit „du" ansprechen, weil ich deine Seele erreichen möchte. Weil ich eine Freundin werden möchte und weil sich Freunde in der Regel duzen. Falls du kein Problem damit hast, dann wünsche ich dir viel Spaß beim Weiterlesen.*
Falls Sie das nicht mögen, dann verkaufen Sie doch das Buch einfach bei Amazon.de.

Schwaikheim, im Oktober 2004

Lena Bredow

Claudia und Carmen

Sie waren Zwillinge und sahen sich in ihren ersten Lebensjahren zum Verwechseln ähnlich.
Das änderte sich erst bei Beginn der Pubertät. Während Claudia schon Rundungen bekam, blieb ihre Schwester Carmen noch knabenhaft.

Die Mutter der Mädchen, schwerst übergewichtig und ihr halbes Leben lang auf Diät, betrachtete die Entwicklung ihrer Erstgeborenen aufmerksam und kritisch.
Alsbald begann sie bei Tisch zu meckern, wenn sich Claudia aus den dampfenden Töpfen noch einmal nachschöpfte. „Iss nicht so viel, sonst wirst du dick!", ermahnte sie ihre Tochter immer öfter.
Claudia entwickelte einen gesegneten Appetit, dafür sorgten die Hormone, die aus dem Mädchen langsam eine Frau schufen.
Die Mutter, in großer Angst, ihre Tochter könne in ihre Figur-Fußstapfen treten, wurde im Laufe der Zeit immer strenger. Pommes und Torten wurden von Claudias Speiseplan bald ganz gestrichen und allenfalls zu den Geburtstagen erlaubt.

Ihre Zwillingsschwester Carmen dagegen blieb unbeachtet. Sie aß was und wie viel sie wollte, bekam weiterhin Süßigkeiten zugesteckt, die es für Claudia nur noch zu besonderen Anlässen gab.
Allerdings nicht ohne den warnenden Zeigefinger, sich die Leckereien ja gut einzuteilen. Claudias Ernährung war vorbildlich.

Das Mittagessen bestand meist aus magerem Fleisch, Gemüse und Salaten. Zu trinken gab es ausschließlich Mineralwasser.
Am Abendbrottisch reichte die Mama für das „Pummelchen“ Diätwurst, Halbfettmargarine und Rohkost, während Carmen aß, was immer ihr schmeckte.

Dass dies die Geschwisterliebe nicht gerade förderte, braucht hier wohl nicht extra erwähnt zu werden.
Claudia fühlte sich zurückgesetzt, wertloser und ungeliebter als ihre Zwillingsschwester.
Und weil sie trotz aller Maßnahmen immer dicker wurde, fühlte sie sich bald auch hässlicher.
Zum Abitur bekamen beide Schwestern von den Eltern eine Wochenendreise geschenkt. Carmen fuhr nach London, Claudia in ein Wellness-Hotel, im Gepäck ein Gutschein für eine Tiefenwärmebehandlung gegen Cellulite.

„Die Mutter hatte alles dafür getan, dass Claudia überhaupt erst dick wurde.“

Beide Schwestern begannen ihre Ausbildungen. Carmen heiratete ein paar Jahre später, gründete eine Familie und blieb schlank. Claudia machte Karriere, blieb alleine, wurde depressiv und immer dicker.
Sie trieb Sport (so lernte ich sie kennen), achtete auf ihre Ernährung, versagte sich Süßes und Fettes und nahm nie auch nur ein Gramm ab.

Als sie zu mir in die Gruppe kam, wog sie 89 Kilo bei 1.65 m Körpergröße.
Sie lauschte meinem Seminar ohne jede Regung, zeigte sich beim abschließenden Wiegen weder motiviert noch demotiviert und blieb noch, als ich aufräumte und meine Papiere zusammenkramte.
„Kann ich dich noch einen Augenblick sprechen?" Ich nickte und nahm zwei Stühle vom Stapel.

Sie erzählte mir ihre Diätgeschichte, die in der Pubertät begann und nicht einmal am Sterbebett der Mutter endete. Ihre Geschichte ist eine von vielen, die ich im Laufe der Jahre hörte und die sich alle auf irgendeine Weise glichen.

Claudia erzählte, wie sie als Kind heimlich aß und ihr Taschengeld in Süßigkeiten investierte, die sie wie eine Jagdbeute in ihrem Zimmer verstecken musste. Sie erzählte mir von ihrer Traurigkeit, von dem Gefühl, nicht geliebt zu werden, weil sie dem Ideal der Mutter nie entsprach. Vom Neid auf ihre schlanke Schwester und den Depressionen, die sie so manches Mal verzweifeln ließen.
Als Claudia ihre Mutter am Sterbebett besuchte, waren die letzten Worte, die sie von ihr zu hören bekam: *„Ach Kind, ich wollte doch nie, dass du so wirst wie ich. Und nun schau dich nur an. Deine dicken Backen, die runden Oberschenkel. Hättest du denn nicht besser aufpassen können?"*
Selbst in dieser Situation war die Enttäuschung über das Aussehen ihrer Tochter deutlich herauszuhören. – *„Ich habe doch alles für dich getan..."*

Die Mutter hatte alles *dafür* getan, dass Claudia überhaupt erst dick wurde. In ihrer Unwissenheit, in ihren verzweifelten Versuchen, ihrer Tochter ein dickes Leben zu ersparen, hatte sie letztendlich dafür gesorgt, dass Claudia in einen Teufelskreis geschubst wurde, aus dem es kaum einen Ausgang gab.

Beim ersten Gruppentreffen nach 14 Tagen hatte Claudia zwei Kilo verloren. Und verloren darf hierbei wörtlich genommen werden. Beim zweiten Gruppentreffen waren es bereits vier verschwundene Kilos.

„Zum ersten Mal seit 20 Jahren halte ich keine Diät. Zum ersten Mal esse ich, was mir schmeckt, und nicht, was Nahrungslisten, Rezeptvorgaben und Tabellen vorschreiben. Und nun nehme ich ab. Es ist nicht zu fassen!"
Betrachtet man den Menschen ganzheitlich und zerpflückt ihn eben nicht in biochemische Einzelvorgänge, dann ist dieser Gewichtsverlust sehr wohl zu fassen; er wird sogar logisch.

Bevor ich 1997 anfing, mich mit dem Thema Übergewicht zu beschäftigen, dachte ich, wie so viele natürlich schlanke Menschen eben denken: Dicke fressen zu viel. Sie sind große Genießer, schlemmen maßlos und freuen sich dabei ihres Lebens. Sie lieben das Essen und es nimmt den größten Stellenwert in ihrem Alltag ein.

Nur die letzte Aussage wurde im Zuge meiner Arbeit tatsächlich bestätigt. Alle anderen stellten sich schon bald als große Irrtümer heraus. Das Essen hatte tatsächlich den größten Stellenwert. Aber niemals habe ich im

Zusammenhang mit so einem natürlichen Vorgang wie Essen so viele negativ behaftete Gedanken erlebt.
Frust, Depressionen, ja sogar Angst und Panik, die ständigen Begleiter am Tisch. Ich kenne keinen schlanken Menschen, der ein derart gespaltenes Verhältnis zum Essen hat, der über so lange Zeiträume nichts isst, der sich Lebensmittel versagt und ständig verzichtet.

„Dicke sind Genießer? Fehlanzeige!"

Schon in meinem ersten Buch habe ich die typische Woche eines Übergewichtigen aufgezeichnet. In leicht veränderter Form, damit sich treue Leser nicht langweilen, aber dennoch wiederfinden, habe ich das erneut getan.
Übrigens, ich persönlich mag die Bezeichnung Übergewichtig(e)(r) absolut nicht. Das Wort klingt wie eine Krankheit, ein Fluch, ein Stigma. Wer bestimmt eigentlich, wo Übergewicht beginnt? Der BMI? Die Kleidergröße? Die Krankenkassen? Oder vielmehr die Medien? Ich habe Frauen erlebt, die sich mit 58 Kilo als übergewichtig empfanden.

Leider habe ich noch kein Ersatzwort gefunden und ich werde mich hüten, es wie in meinem ersten Buch durch das Wort „Dickies" zu ersetzen.

Auf den Begriff Übergewicht gehe ich noch näher ein, aber zuerst einmal die typische (Verzeihung) „Dickie-

Woche". Gesammelt und zusammengefasst aus Zeiten, als ich (zugegeben nur kurzfristig) der Meinung war, Übergewichtige essen viel zu viel.

Die Spar-Woche

Mo

1

Spartag

*Das Wochenende war zu heftig.
Zum Frühstück deshalb nur einen Apfel, mittags eine Banane und den Magerjoghurt. Nachmittags mit schlechtem Gewissen ein Stück Kollegen-Geburtstags-Torte. Am Abend die Reste vom Sonntagsessen.*

Di

2

Schocktag

*Das Frühstück im Büro fällt aus, die Torte fand sich auf der Waage wieder.
Zum Mittagessen deshalb nur Salat. Der Nachmittagskuchen wird mit Heißhunger verschlungen. Abendessen beim Italiener mit den Gedanken beim Zeiger der Waage.*

Mi

3

Obsttag

Geplant in der Hoffnung, es möge kein Kollege etwas feiern. Im Büro die Frühstücks-Banane, mittags zwei Äpfel und nachmittags zwei Käsebrötchen und ein Gläschen Sekt. Der Einstand der Neuen wurde begossen. Obsttag im Eimer und das Abendessen fällt deshalb komplett aus.

Do

4

Scheißegaltag

Im Büro zwei Butterbrezeln, in der Kantine der Schweinsbraten, nachmittags gleich zwei Geburtstage und zum Abendessen das schlechte Gewissen und Spaghetti Bolognese.

Fr
5
Der Frusttag

Bis mittags nichts, dann Karotten aus der Tupperschüssel, tatsächlich kein Umtrunk am Nachmittag, aber dafür Polterabend der besten Freundin mit einem hervorragenden Buffet.

Sa/So
6/7
Die Lusttage

Frühstück mit allem, was dazugehört.
Mittags Rindsrouladen, das Sonntagsabendessen bei Muttern.
Alles im Überfluss, denn morgen ist ja wieder…

Spartag!

„Dicke essen zu viel?
Dicke essen viel zu wenig!“

Was ist Übergewicht eigentlich?

Wenn man die Medienberichte aufmerksam verfolgt, dann grassiert seit vielen Jahren eine schlimme, scheinbar tödliche Geißel. Ca. 40 Millionen Deutsche und noch viel mehr Amerikaner leiden daran. Die Spanier kommen im Galopp hinterher und den Rest der Welt erwischt es auch noch:

Das Übergewicht.
Symptome: schwabbelige Hüften, labberiger Bauch, Krater-Oberschenkel, kurzatmige Lunge, schwaches Herz, noch schwächerer Wille, kaputte Knie, marode Hüftgelenke, erhöhter Blutdruck und Cholesterinspiegel…

Ursache: Moment, jetzt sollte die Reihenfolge stimmen. Anfänglich – zu viel Essen, dann – zu viel Zucker, schließlich – zu viel Fett gepaart mit zu wenig Bewegung. Und heute – Herrn Atkins (Gott hab ihn selig) sei Dank – zu viele und vor allem schlechte Kohlenhydrate.
Und demnächst?

Übergewicht, wo fängt es an und wo hört es auf? Wir wollen im Laufe der Buchseiten einige Klischees entkomplizieren. Nach meinen Erfahrungen, - und ich arbeite direkt an der „Front", liebe Ernährungswissenschaftler und Diät-Päpste, - kommt das Übergewicht hauptsächlich durch Überinformationen. Das fängt heute schon am Kinderteller an.

Zugemüllt mit biochemischen Vorgängen, Listen von guten und bösen Lebensmitteln, Kalorientabellen und Verboten blickt kein Molliger mehr durch den Diätendschungel.

Fast wöchentlich ändern sich die Erkenntnisse der Studien, die von Fachleuten im Labor vornehmlich an Mäusen und anderem Getier getätigt werden. Anstatt sich die Mühe zu machen, das Verhalten, die Ängste und Sorgen der dicken Menschen näher zu betrachten.
Tut man das nämlich, betrachtet den Menschen als ganzheitliches Wesen und schlägt von seiner Geschichte eine Brücke zur Entwicklungsgeschichte, dann wird das große Problem Übergewicht etwas ganz Simples. Nämlich eine Re-Aktion des Körpers und der Natur auf eine Aktion der Seele.

„Zu viele Kalorien = Übergewicht?"

In den meisten „Fällen", die ich kennen lernte, war das Übergewicht die Reaktion auf eine selbst herbeigeführte Notsituation.

Zu viele konsumierte Kalorien = Übergewicht?
Diese Formel kann so nicht stimmen. Wie kommt es sonst, dass es Menschen gibt, die ungestraft essen können, was und wie viel sie wollen? Die den ganzen Tag gedankenlos schlemmen und noch niemals nach den Kalorienangaben auf einem Packungsboden geschaut haben. Menschen, die keine Waage besitzen, in deren Kühlschränken sich die haarsträubendsten Dickmacher

befinden und die trotz allem schlank und rank durchs Leben gehen? Die Sport nur mit dem Daumen auf der Fernbedienung betreiben und nie etwas von gesättigten und ungesättigten Fettsäuren gehört haben?
Sind diese „natürlich Schlanken" Glückskinder, Stoffwechsel-Gen-Bevorteilte oder doch vielleicht einfach nur Unter-Informierte?

„Ich behaupte:
Schlanke haben kein Geheimnis."

Sie haben durch die Aneinanderreihung vieler Zufälle lediglich das große Glück, niemals in die Diäten- und Angstmachermaschinerie geraten zu sein, die ihr natürliches Verhältnis zum Essen nachhaltig verdorben hätte.
Die Körper von natürlich Schlanken kennen schlichtweg keine Notsituationen und haben deshalb auch keinen Grund, sich Reserven anzuschaffen.

Ines und Bianca

Auch Ines hatte eine Schwester, die viel schlanker war als sie selbst. Bianca langte beim Essen gerne zu, Schokolade liebte sie und Diäten überließ sie Ines.
Ines war neidisch, haderte damit, offensichtlich als Einzige die Gene ihrer Mutter und mit ihnen auch die Unterfunktion ihrer Schilddrüse geerbt zu haben.

Bei einer ärztlichen Routinekontrolle jedoch endete die Untersuchung ihrer Schwester eines Tages mit den Worten des Arztes: *„Also Frau P., Sie haben eine Unterfunktion der Schilddrüse. Ich überweise Sie zu Dr. Sowieso. Passen Sie jetzt ja gut auf, dass Sie nicht dick werden".*
Ausgerüstet mit jeder Menge guter Ratschläge, Nährstoff- und Kalorientabellen startete Bianca beim Verlassen der Praxis in ihre Übergewichtskarriere.

Als sie viele Jahre später und 28 Kilos schwerer darüber nachdachte, wann genau ihre stetige Zunahme begann, da stimmte der Zeitpunkt vom Ende des unbedarften Essens exakt mit der Schilddrüsenunterfunktions-Diagnose überein.

Bianca ist heute allerdings davon überzeugt, die Unterfunktion genau wie ihre Schwester geerbt zu haben. Lediglich das Nicht-darum-Wissen rettete ihren Körper viele Jahre lang vor dem Dickwerden.

„... das Nicht-darum-wissen rettete ihren Körper viele Jahre lang vor dem Dickwerden."

Ich will nicht behaupten, dass eine Unterfunktion der Schilddrüse nicht die Ursache von Übergewicht sein kann, keinesfalls! Ich behaupte vielmehr, dass sich viele Kilos erst durch die Angst vor dem Übergewicht auf den Hüften einfinden.

Übergewicht ist die Reaktion auf eine Aktion – das Prinzip von Ursache und Wirkung. Der Körper reagiert immer auf Signale. Fettreserven schafft er sich dann an, wenn ihm signalisiert wird, dass er sie braucht.

Und wann braucht der Körper Reserven?
Wenn es ihm die Umstände beweisen. Und wer schafft die Umstände? **Wir!**

Der Körper re-agiert

Leistungssportler kennen die richtigen Aktionen, um den Körper nach ihren Wünschen und sportlichen Zielen reagieren zu lassen.

In einem Fitness-Studio beispielsweise beweisen sie ihrem Organismus, dass sie nun regelmäßig körperlich schwer arbeiten müssen. Ihr Körper reagiert. Er stellt sich auf die Trainingsgewichte ein.

Die Fähigkeit des Organismus, sich Energiereserven für schlechte Zeiten anzulegen ...

Die Muskeln werden kräftiger, die Fasern verdichten sich, sogar die Knochen werden wesentlich belastbarer. Je regelmäßiger der Sportler trainiert, desto schneller nimmt der Körper die erwünschte, durchtrainierte Form an. Viele Fitness-Studio-Mitglieder haben in erster Linie ästhetische Ziele. Sie wollen gut aussehen, schlank und muskulös sein. Tatsächlich aber braucht der Organismus körperliche Arbeit, um, als in sich funktionierendes System, gesund und leistungsfähig zu bleiben.

Häuser bauen, Felder bestellen, Futter suchen, klettern, jagen und sammeln, kämpfen und weite Strecken zurücklegen.

Für all dies wurde unserer Körper ursprünglich von Mutter Natur konstruiert.

Und Mama hat es clever gemacht. Um unsere Überlebenschancen zu verbessern, gab sie ihren Sprösslingen unter anderem die enorme Fähigkeit der kurzfristigen Körper-Anpassung mit. Ändern sich die äußeren Umstände, reagiert sie und passt den Körper an. Das Chamäleon ist zwar wesentlich schneller, aber mit etwas Geduld und Regelmäßigkeit kann jeder seinen Körper recht zügig formen, und das in fast jede Richtung.
Bis dato hast du deinen Körper leider in die falsche Richtung reagieren lassen. Besser ausgedrückt, in die „unerwünschte" Richtung. Die Gründe hierfür sind vielfältig und das Essen ist meist nicht einmal die Ursache Nr. 1 für die Reaktion Übergewicht. Leider wird aber nur dort nach den Lösungen gesucht.

... ist buchstäblich so alt wie die Menschheit selbst und tatsächlich ein wahrer Segen.

Die Fähigkeit des Organismus, sich Energiereserven für schlechte Zeiten anzulegen, ist buchstäblich so alt wie die Menschheit selbst und tatsächlich ein wahrer Segen. Diese Reserve-Rollen an deinem Körper sind also weder schlimm, noch eine Krankheit, schon gar nicht wirklich hässlich und auch absolut nichts Falsches. Die Pölsterchen sind lediglich Notrationen für Notzeiten.

Sie entsprechen zwar nicht dem gängigen Schönheitsideal, aber das ist auch schon alles.

Und bevor ich jetzt erschlagen werde liebe Fachwelt, unbestritten ist nach wie vor, dass sie ab einer gewissen (Un-)Menge tatsächlich der Gesundheit schaden können.

Ich denke, du findest dich beim Lesen in einer der Geschichten wieder und erkennst, warum dein Körper mit Einlagerungen reagiert hat. Eines ist sicher. Dem Körper die *richtigen* Anpassungs-***Re***aktionen abzuringen ist immer möglich, ohne Alterbegrenzung und fast ohne Einschränkungen.

Unser Trainingsziel heißt nun: Iss wie ein natürlich schlanker Mensch!

In meinen Gruppen begleite ich die Teilnehmer 12 Wochen lang auf diesem Weg.
Wir verändern schlicht und ergreifend die äußeren Umstände, um die erwünschten Anpassungsreaktionen zu erwirken.

Ich hoffe, das gelingt dir nun mit der Lektüre dieses Buches ebenso.

Es gibt Fettstoffwechselerkrankungen, die das Schlankwerden erschweren können oder gar unmöglich machen. Genauso wie es Dispositionen der Haut gibt, die eine Schutzreaktion auf das Sonnenlicht, nämlich Bräunen, unmöglich machen.

Solltest du an einer dieser Fettstoffwechselerkrankungen leiden, dann weißt du das in der Regel.

Den Körper dazu zu bringen, seine Reserven auf natürliche Weise einfach loszulassen, bedarf zunächst einiger Voraussetzungen.

Du musst ihn als deinen Freund erkennen. Er reagiert, und zwar *für* dich!

Das andere Wissen

Stell dich in einer stillen Minute einmal nackt vor den Spiegel. Dämpfe das Licht und schau dir deinen Körper in Ruhe an. Versuche ihn nicht mit den Augen des Schönheitsdiktates zu sehen, sondern mit deinem eigenen, freundlichen Blick.

Das, was dir jetzt nicht gefällt, was du sogar als hässlich empfindest, weil es der gängigen „Norm" nicht entspricht, sind die Auswirkungen gut gemeinter Schutzmechanismen von Mutter Natur. Nicht mehr, aber auch nicht weniger. Es ist *ihre* Re-Aktion auf *deine* äußeren Umstände. Diese äußeren Umstände aber bestimmst tatsächlich nur du.

Legst du dich nicht in die Sonne, wirst du nicht braun. Läufst du nicht barfuß, bekommst du keine Hornhaut an den Füßen, trainierst du deinen Bizeps nicht, bekommst du keinen dicken Arm.
Manövrierst du deinen Körper nie wieder in eine Notsituation, wird er für dich auch keine weiteren Reserve-Röllchen anlegen. Im Gegenteil, er wird sich langsam, aber sicher davon trennen.

Kein gesunder Körper ist seinem Übergewicht rettungslos ausgeliefert.

Zwar versucht uns die Diätenindustrie mit viel Werbung glaubhaft zu versichern, wir würden ausschließlich mit *ihrer* Hilfe und jeder Menge Kosten überflüssige Pfunde

verlieren, aber Hand aufs Herz, wenn das der Wahrheit entspräche, dann gäbe es doch schon längst keine dicken Menschen mehr.
Diese Industrie schafft sich ihre Kunden selbst und sie hat alle nötigen (Werbe)Mittel zur Verfügung. Niemand hat doch wirklich ein Interesse daran, Abnehmen leicht und vor allem „produktfrei" zu gestalten. Wer verdient denn dann noch die Milliarden?

Ich habe im Laufe der Jahre Menschen völlig „produktfrei" abnehmen sehen, die einfach nur verstanden haben, und das kostet absolut nichts.

Sie haben ihren Körper verstanden, seine natürlichen Schutzmechanismen und Anpassungen, und sie haben auf die neuen, eigentlich uralten Informationen mit Konsequenz reagiert.

Sie haben die Natur verstanden, ihre Aufträge, die allesamt auf Überleben und Fortpflanzung ausgelegt sind.

Die Aufträge des Lebens

Jedes Lebewesen, das die Natur geschaffen hat, wurde von ihr bei der Geburt mit zwei großen und wichtigen Aufträgen betraut. Stellen wir sie uns wie zwei schwarze Koffer vor. Alle Menschen, Tiere und Pflanzen halten sie in den Händen bzw. in ihren Genen. Sie sind elementar für unser Dasein und nennen sich:

Überleben und Fortpflanzung

Streng genommen sind auch wir tatsächlich zu nichts anderem auf dem Erdball, als uns erfolgreich fortzupflanzen, zu überleben und somit die Gattung Mensch zu erhalten. Zugegeben, klingt zwar sehr unromantisch, aber nicht auszusterben ist eine unglaublich verantwortungsvolle Aufgabe.

Bis jetzt hat Mutter Natur bei uns Menschen offensichtlich alles richtig gemacht. Nicht wenige ihrer anderen Kreaturen sind im Laufe der Jahrtausende vom Erdball verschwunden. Meist konnten sie sich nicht schnell genug an ihre veränderte Umwelt anpassen und starben deshalb aus.

Um eben genau das zu verhindern, nimmt Mama seit Urzeiten unermüdlich Verbesserungen an uns Menschenkindern vor. Sie packt uns jede Menge effektive Hilfen in die beiden Koffer: In dem einen befinden sich die Überlebenstriebe, im anderen die Anpassungsfähigkeit. Mutters Triebe sind sehr mächtig. Es sind, wenn man so will, implantierte automatisierte Abläufe, die wir zwar

als selbstverständlich hinnehmen, die uns aber un- und unterbewusst steuern. Oft viel mehr, als uns lieb ist.
Viele der Triebe, die uns mit ihrer Steuerung bei der Fortpflanzung und dem Überleben helfen sollen, hat Mutter – Gott sei Dank – mit äußerst angenehmen Gefühlen ausgestattet. Essen ist angenehm, Trinken ist angenehm, Sex ist in der Regel superangenehm.

Da die Fortpflanzung für die erfolgreiche Erhaltung der Art logischerweise am allerwichtigsten ist, hat sie unseren Fortpflanzungstrieb auch gleich mit den schönsten aller Emotionen ausgestattet. Wer will das bestreiten. Verliebt sein ist so ziemlich das aufregendste Gefühl, das wir erleben können.
Sex das berauschendste Erlebnis, das uns beschert wird. Schon mal beim Essen oder Trinken einen Orgasmus gehabt? Ich auch nicht, so lecker es auch war.

Die Anpassungsfähigkeit im anderen Koffer der Aufträge hilft uns bei Veränderungen der äußeren Lebensbedingungen. Manche geschehen kurzfristig, andere dauern etwas länger. Zu den extrem kurzfristigen Anpassungen zählen Braunwerden und Hornhäute entwickeln.

Auch Anpassungen an veränderte Nahrungsbedingungen geschehen recht schnell. Viele Reisende in ferne Länder haben „Montezumas Rache" schon am eigenen Leib erfahren. Eine sehr unangenehme Art des Körpers, sich erst einmal aus allen Öffnungen von den landesstypischen, aber für ihn fremden Nahrungsmitteln zu befreien. Die wenigsten Menschen allerdings verbringen den gesamten Urlaub auf der Toilette.

Der Körper hat die Anpassung zügig geschafft. Muss er auch, um nicht zu verhungern!
Dasselbe gilt für regelmäßigen und/oder akuten Nahrungsmangel. Auch hier greift die Anpassung sehr schnell und effektiv. Mutter schaltet bei Mangelernährung auf vermehrtes Energiesparen und Einlagern. Je öfter Mangelsituationen schon auftraten, desto schneller gelingt ihr übrigens die Anpassung. Gelernt ist halt gelernt!
Was tut nun ein gut informierter Mensch der Neuzeit, wenn er dünner werden möchte? Er schafft sich einen Nahrungsmangel, clever!

Die bewährten Überlebensmechanismen von Mutter Natur können wir nicht abschalten. Aber wir müssen von ihnen WISSEN und ihnen allein dadurch ein Schnippchen schlagen.

Fettzellen *sind eigentlich gar nicht so groß. Sie wiegen nur etwa 0,3 bis 0,9 Mikrogramm, können aber auf das 200fache anwachsen. Fettzellen können sich vermehren.*

Die längerfristigen Anpassungen können wir in einem kurzen Menschen-Dasein nicht erleben. Sie geschehen über viele tausend Jahre und nennen sich Evolution. Irgendwann hatte uns Mutter Natur das Fell abgeschafft, den Schwanz und die Reißzähne. Bis sie dasselbe mit unseren ***Fettzellen*** tut, müssen wir Mutter mit natürlichen Mitteln austricksen.

Die Erkenntnis

Erkenntnis ist erkennen, und hier meine ich die Erkenntnis darüber, wie sinnlos es ist, die uralten und bewährten Überlebensmechanismen mit einer Aktion überlisten zu wollen, die dann genau die Reaktionen zeitigen, die zwar biologisch richtig sind, aber eben nicht erwünscht.
Wer durch Verzicht, durch Hungern und Diäten sein Gewicht verlieren möchte, kann sich genau so gut von Kopf bis Fuß mit Honig einschmieren, um einen Bären zu verscheuchen.

Wer sich die Umstände einer Notsituation erschafft, wird *natürlich* eine Einspar-Reaktion auslösen.
Die kurzeitigen Anpassungshilfen im Koffer unserer Lebensaufträge arbeiten äußerst effektiv. Mutter Natur kann beim besten Willen nicht unterscheiden, ob die Not nun echt oder künstlich herbeigeführt ist. Sie erkennt nur die Not an sich.

Wer schon einmal gefastet hat, weiß um die kurzfristigen Anpassungs-Reaktionen seines Körpers in Sachen Nahrungsmangel. Leider werden diese oft völlig falsch interpretiert.
Am ersten und zweiten nahrungslosen Tag ist das quälende Magenknurren unerträglich. Aber spätestens am dritten Tag verschwindet es wie von Geisterhand und ein großes Gefühl des Wohlbefindens macht dem Hunger Platz. Weil es uns jetzt so gut geht, weil wir nun gar so leistungsfähig sind, *muss* Fasten ja auch zwangsläufig gesund sein?!

Dabei macht der Körper nur eines. Er reagiert, passt sich kurzfristig an und schaltet zuerst einmal seinen Warnhinweis *Hunger* ab. Allerdings nur aus einem einzigen Grund: um uns nicht unnötig zu quälen! Es gibt nichts zu futtern! Das hat der Körper nun verstanden. Und jetzt passiert etwas Tolles. Damit wir uns trotz des Nahrungsmangels nicht einfach in die Ecke legen und sterben, kippt Mutter Natur einen großen Kelch Hormone ins Blut. Dieser Cocktail macht uns leistungsfähig, indem er dem armen, hungerleidenden Körper einen großen Schub frische Energie gibt. Und eigentlich nur, *damit wir endlich loslaufen und uns etwas zu essen suchen!*

Gibt es „Schlacken"?
Die Dipl.-Ökotrophologin Daniela Rösler sagt hierzu: nein! Nach heutigem Kenntnisstand nicht. Es gibt bislang keine Untersuchungsmethode, die Schlacken im menschlichen Körper nachweisen konnte, so dass ein wissenschaftlicher Beleg dieser weit verbreiteten Hypothese zurzeit nicht vorliegt. Das Fasten zur Entschlackung des Körpers entbehrt damit jeder Grundlage."

Adrenalin
ist das wichtigste Stresshormon. Zu seinen Wirkungen zählen Erhöhung des Blutdrucks und des Pulses, Hemmung der Magen-Darm-Tätigkeit, Erweiterung der Bronchien und Erhöhung des Energieumsatzes.

Unsere Vorfahren kannten diesen Hormonrausch allzu gut und sie nutzten ihn – zum Überleben. Wir nutzen ihn zum Abnehmen, meist unter dem Deckmantel des „Entschlackens" oder des „Zu sich selbst finden".
Dieser Rausch-Cocktail besteht u.a. aus Dopamin, ***Adrenalin*** und Serotonin und die Ausschüttung ist die Reaktion auf absoluten Stress. Also eigentlich alles andere als gesund. Magersüchtige sind süchtig nach diesem Hormon-Cocktail.

Aber wenn Fasten doch so gut tut?

Ein Bungee-Sprung hätte dieselbe Wirkung gehabt. Überstandene Lebensgefahren, sei es durch den Sprung aus schwindelnder Höhe, eine Fahrt in der Achterbahn oder eine Hungersnot, lösen immer euphorische Gefühle aus.

Heute suchen wir uns selbst unnötige neue Lebensgefahren und nennen uns dann „Adrenalin-Junkies". Früher aber gehörten sie zu unserem Alltag.

Der Jojo-Effekt ist eine kurzfristige Anpassung, die nach einer Hunger-Notsituation geschaltet wird.

Während des Fastens wird der Energieverbrauch drastisch reduziert. Sind die Hungertage beendet, wird der Energie-Sparmodus erst einmal beibehalten; möglichst so lange, bis alle verlorenen und wertvollen Reserven wieder da sind, wo sie hingehören.

Darf es noch ein bisschen mehr sein? Mutter Natur ist Meisterin im Vorsorgen. Damit sie für die nächste Katastrophe besser gerüstet ist, packt sie sich immer einen größeren Vorrat in ihre Zellen, als sie abgeben musste.

Aber was ist mit der „ach so gesunden" Entschlackung beim Fasten?

Schlacken entstehen bei der Erzgewinnung und bis heute hat noch niemand nachgewiesen, dass sich in unserem Körper eine Mülldeponie befindet, die ab und zu entleert werden sollte.

Die Kopf-Kino-Hungersnot

Bei einer strengen Diät kommt zwar auf den ersten Blick kein großer Hunger auf, schließlich darf ja gegessen werden. Jetzt aber sollten wir die Zentrale, unser Gehirn, keinesfalls außer Acht lassen.
Was passiert denn dort? Während einer Diät wird verzichtet, eingeschränkt gegessen, Lieblingsspeisen und Süßes verboten, Fettes verpönt und Vorschriften befolgt. Das ist zwar für den Körper in erster Linie keine Notsituation, aber für unseren Kopf allemal.
Verzicht birgt immer auch ein Mangelgefühl. Aus einem Mangel resultiert Gier. Aus Gier wird Frust geboren. Negative Gefühle, negativer Stress. Und alles im Zusammenhang mit dem natürlichsten dieser Welt, dem Essen!

Mutter Natur hat keine eigenen Augen. Sie schaut mit unseren Gefühlen und entscheidet dann über ihre Reaktionen.

Ob unser Blick nun resigniert auf ein verwüstetes Feld voll verfaulter Früchte fällt, entsetzt auf den Mann, der ohne Jagdbeute nach Hause in die Höhle kommt, oder in den gähnend leeren Kühlschrank bzw. neidisch auf das Eis der Freundin, die Mangel-Gefühle sind dieselben. Und genau nach diesem Empfinden handelt Mama und schaltet einen ihrer kurzfristigen Anpassungsmechanismen. In diesem Falle – eben den Einlagerungs-Mechanismus. Sobald es nach der Diät wieder etwas Ordentliches zu kauen gibt, beginnt sie zu bunkern.

Für sie ist die Schlaraffenland-Epoche, in der zumindest die meisten westlichen Industrieländer leben, noch längst nicht angebrochen. Schlau wie sie ist, hält sie lange an altbewährten Überlebens-Strategien fest und lässt die Hilfen schön im Koffer. Sie hatte schließlich über viele tausend Jahre Erfolg damit.
Unsere Fettzellen und die Fähigkeit, sie zu füllen, werden wir noch lange Zeit behalten. Schlaraffenland hin, volle Kühlschränke her.

„Mutter Natur hat keine eigenen Augen. Sie schaut mit unseren Gefühlen."

Wenn du also dauerhaft abnehmen möchtest, dann muss im Laufe der Lektüre die Erkenntnis wachsen, dass dies mit Hunger, Verzicht und Diäten nicht von dauerhaftem Erfolg gekrönt sein kann! Wie oft hast du es denn schon versucht? Wie viele Male bist du gescheitert?

Wie viel Frust und schlechte Tage – oder sogar Wochen und Monate hast du dir denn schon bereitet?
In hundert Jahre sind wir alle tot. Wir alle, die wir jetzt gerade diese Luft atmen, werden in hundert Jahren der Vergangenheit angehören. Kann es sich denn wirklich lohnen, die besten Jahre mit Frust, Unzufriedenheit und Versagensängsten zu verbringen und sich durch den ständigen „Druck" das Leben zu versauen? Nein!

Ein Ziel zu haben ist ein wichtiger Teil unseres Lebens, und wenn du das Ziel hast, schlank zu werden, die Erkenntnis, dass es mit Frust nicht funktionieren kann, weil du das Wissen um die Mechanismen von Mutter Natur hast, dann bist du auf einem guten Weg, dein Ziel auch zu erreichen. Und das auf ganz natürliche Weise.
In den Erklärungen gehe ich zurück zu den Wurzeln. Ganzheitlich betrachtet sind die Gründe, warum es dicke und schlanke Menschen gibt, faszinierend einfach und unkompliziert. Die Natur folgt einer Logik, die nur ein Ziel kennt: effektives Überleben und Fortpflanzung.

Die Perfektionistin

Wie alle Mütter ist die Natur sehr fürsorglich. In ihrer Vorsicht und dem stetigen Bestreben danach, ihrem Nachwuchs nur das Beste angedeihen zu lassen, ist sie eine absolute Perfektionistin. Im Gegensatz zu den von ihr hervorgebrachten Lebewesen schläft sie niemals. Wachsam schaut sie sich alle Entwicklungen genau an und ist emsig dabei, immer wieder Verbesserungen vorzunehmen, um ihren Kreaturen das Überleben und die Fortpflanzung effektiv zu sichern.

Mutter Natur hat„natürlich **dicke** Menschen" in der Entwicklungsgeschichte absolut nicht vorgesehen. Ein fettleibiger Urmensch hätte in der ostafrikanischen Savanne doch niemals eine Chance zum Überleben gehabt. Bei der Jagd hätte er nicht lange durchgehalten, im Kampf wäre er durch die fehlende Wendigkeit der Verlierer gewesen und 120 Kilo lassen sich auch nur schwer auf einen Baum ziehen.

Bei einem Zuviel an Gewicht wären lange und überlebenswichtige Wanderungen, die das Erschließen neuer Jagdgründe damals nötig gemacht haben, ausgeschlossen gewesen.

Die Fähigkeit, Reserven in den Fettzellen einzulagern, diente in ihrer Urform lediglich dem Überstehen von nahrungslosen Tagen oder Wochen und dem Überwintern.

Mutter Natur sorgt ***immer*** dafür, dass sich ihre Kreaturen nicht selbst zerstören.
Nun gibt es heute Menschen, die 250 und noch mehr Kilos wiegen. Frauen und Männer, die ihr Leben im Bett liegend fristen müssen, weil ihre Körper einige hundert Kilo Gewicht nicht mehr selbst tragen können. Diese Tatsache allein schon ist doch der Beweis für meine Theorie, dass das Einlagern von Massen eben nicht vorgesehen war.

Mutter Natur hat doch nicht einfach nur vergessen, eine natürliche Grenze zu setzen. Einen Hebel einzubauen, der die Fetteinlagerung bremst, sobald sie uneffektiv für das Überleben wird. Nein, Mutter hat ungesunde Reservemengen niemals vorgesehen!

„Mutter Natur hat *natürlich dicke Menschen* in der Entwicklungsgeschichte nicht vorgesehen."

Hätte sie nämlich gewusst, dass einmal Zeiten existieren werden, die so nahrungsreich sind, wie wir sie heute haben, sie hätte zu unserem Schutz natürlich einen Mechanismus eingebaut; den Hebel, der das Einlagern spätestens an der Stelle bremst, wo Überleben und Gesundheit gefährdet sind.
Und sie hätte diesen Mechanismus über viele hunderttausend Jahre hinweg auch nicht abgeschafft.

Sie lässt altbewährte Abläufe immer, wie sie sind. Und da es Mama schon seit Urzeiten auf der Erde gibt, rechnet sie in völlig anderen Einheiten.

Eine Million Jahre sind für sie gerade mal ein Lidschlag. Veränderungen, die nach ihrem Empfinden in Windeseile geschehen, dauern für ein kurzes Menschenleben dagegen Ewigkeiten.

So kommt es auch, dass viele der Urinstinkte und Überlebensmechanismen, die ihren Ursprung in Zeiten haben, als der menschliche Verstand nicht so weit entwickelt war, noch immer in uns wohnen und unser Leben sowohl un- als auch unterbewusst leiten. Wir haben sie nicht mit dem Fell abgelegt, nur weil unser Gehirn immer größer und leistungsfähiger wurde und der Mensch sich von der Tierwelt zu unterscheiden begann.

Es ist für das Abnehmen unglaublich wichtig, die uralten Zusammenhänge der Natur zu verstehen, um dann mit dem Verstand seinem Körper die richtigen Reaktionen abzuringen. Nämlich in unserem Falle die Abgabe der (noch) ungeliebten Fettreserven.

Urinstinkte

Hast du dich vielleicht schon einmal gefragt, *warum* du *was* fühlst und *weshalb* sich diese Gefühle manchmal verselbstständigen? Woher die innere Stimme, das „Bauchgefühl" kommen, auf die wir manchmal hören und manchmal nicht? Ich habe mich das immer gefragt und Mutter Natur hat mir all diese Fragen nach und nach beantwortet.

Viele unserer faszinierenden Instinkte haben sich über die Jahrtausende hinweg gerettet und manche brauchen wir heute nur scheinbar nicht mehr.

Warum empfinden wir bestimmte Dinge, die wir sehen, als schön und andere als unangenehm? Warum prügeln sich vornehmlich Männer in Bierzelten und nicht ihre Frauen, warum gibt es weniger Fußballerinnen als Fußballer, warum spielen Kids in einem ganz bestimmten Alter gern „Verstecken"?

Weshalb sind wir wesentlich betroffener, wenn wir in den Nachrichten von der Geiselnahme an einer Schule hören, als wenn es sich um erwachsene Opfer handelt? Weshalb klettern manche von uns auf Berge und andere mögen den Anblick von Obdachlosen nicht?

Nichts davon fühlen oder tun wir grundlos. Alle Empfindungen hängen mit den Überlebensaufträgen von Mutter Natur zusammen.

Die Aussicht auf einen klaren See, auf grüne Wiesen und Täler, auf Rehe in freier Wildbahn finden wir sehr schön. An solchen Plätzen verweilen wir gerne, lassen den Blick schweifen und spüren eine innere Ruhe und Zufriedenheit. Vertrocknete Einöden und dürre Böden werden von uns dagegen eher als hässlich empfunden. Die Frage, warum das so ist, beantwortet sich, wenn man sich in Erinnerung ruft, dass der größte Auftrag „Überleben" heißt.
Klares Wasser, fruchtbarer Boden und Wild waren schon immer unentbehrlich für das Überleben der Menschheit. Der Anblick löst deshalb bis heute sehr angenehme Gefühle in uns aus, während unfruchtbare Böden, schmutzige Tümpel und ausgetrocknete Landschaften buchstäblich *lebensfeindlich* auf uns wirken und deshalb auch selten eine Parkbank vor einem Steinbruch steht.

Männer sind trotz aller Entwicklungsjahrtausende in ihrem Inneren noch immer die Jäger und Kämpfer. Ihr im Blut erhaltener Krieger-Hormonspiegel im Bierzelt gepuscht durch Alkohol und die richtige Stimmung - katapultiert sie noch heute in Windeseile zurück in diese Urzeiten. Während einer Prügelei werden sofort Hormone ins Blut geschüttet, die eigentlich die Aufgabe haben, im Überlebenskampf kurzfristig Schmerzen zu betäuben, Kräfte zu mobilisieren und den Gegner in die Flucht zu schlagen.

Fußballspiele sind im Prinzip nichts anderes als der moderne Ersatz für Jagd und Kampf.

Alle Mannschaftssportarten haben in Zeiten ihren Ursprung, als die Jagd durch Viehzucht ersetzt wurde. Frauen findet man in Stadien noch immer mehr unter den Zuschauern als auf dem grünen Rasen. Selten kommen sie auf die Idee, sich nach dem Spiel mit den Fäusten und den gegnerischen Fans auseinander zu setzten.

„Nicht umsonst also retten sich bei einem sinkenden Schiff ...

Dem „schwachen Geschlecht" fehlt einfach der genetische Krieger-Hormonspiegel.
Versteckenspielen macht Kinder, vor allem im Vor- und Grundschulalter riesigen Spaß, sofern sie dieses Spiel nicht durch ein computergesteuertes ersetzt haben.

In Urzeiten war die Fähigkeit, sich zu verstecken, überlebenswichtig und in diesem Alter oft die einzige Rettung vor Feinden und wilden Tieren.

„Fangenspielen" ist noch immer eine programmierte, ursprüngliche Jagdübung für die spätere Nahrungsbeschaffung, die für Mutter Natur und ihre Zeitrechnung noch nicht im Supermarkt stattfindet.

Kinder stehen auch unter einem ganz besonderen, instinktiven Schutz der Natur. Sie sind ja auch die Versicherung dafür, dass die Art erfolgreich weiterbestehen bleibt.

Berichte von sterbenden Kindern sind deshalb normalerweise weitaus schwerer zu ertragen als Unglücke, an denen nur ältere Menschen beteiligt sind.
Der „Welpenschutz" ist bei allen Lebewesen sehr stark ausgeprägt. Tiermamis verteidigen ihre Babys bis aufs Blut, auch ohne verstandesbegabt zu sein.

... Frauen und Kinder zuerst in die Rettungsboote."

Frauen sind für die erfolgreiche Erhaltung der Art mindestens genauso elementar wie Kinder. Sie sind auf jeden Fall elementarer als Männer. Männer können beliebig oft Kinder zeugen, Frauen jedoch nur eine begrenzte Anzahl von Nachkommen gebären. Nicht umsonst also retten sich bei einem sinkenden Schiff Frauen und Kinder zuerst in die Rettungsboote.

Von einem hohen Aussichtspunkt über das Land schauen zu können ließ früher herannahende Feinde rechtzeitig erkennen, aber auch überlebenswichtige Jagdbeute früh genug erspähen. Deshalb macht es immer noch Freude, auf einen Berg zu klettern und die tolle Aussicht zu genießen.

Wenn du schon ein moppeliges Kind warst, dann spürst du vielleicht bis heute die Schmerzen der vielen Hänseleien, denen du auf dem Schulhof und im Sportunterricht ausgeliefert warst. Hämische, verletzende Worte, kindliche Grausamkeiten der Klassenkameraden, die jeden Verständnisses entbehren.

Das „Herumhacken" auf scheinbar, nein ich muss sagen, *offensichtlich* schwächeren Mitmenschen ist tatsächlich tief in unserer Natur verwurzelt und war, so grausam es auch klingen mag, einst sogar überlebenswichtig.
Mama gab uns in Urzeiten diese Funktionen mit, als die Menschen noch verstreut in kleinen Sippen und Verbänden lebten. Tagtäglich ging es ums nackte Überleben. Nahrung musste erjagt, Jagdgründe verteidigt oder neu erschlossen werden. Das Überleben der Sippe war ständig in Gefahr. Jeder war auf Gedeih und Verderb auf den anderen angewiesen und auf seine Produktivität. Nur so war es den Menschen damals möglich, karge und entbehrungsreiche Zeiten zu überstehen.
Schwache, kranke und deshalb unproduktive Mitglieder konnten nicht einfach mitversorgt werden. Sie gefährdeten damals vielmehr das Überleben der ganzen Gruppe, wurden deshalb in diesen wilden Zeiten gnadenlos aussortiert.

Diese Selektionsmechanismen haben sich in unseren Genen bis in die Gegenwart gerettet. Die genetische Programmierung äußert sich in Gefühlen von Wut und Aversionen, die sich rational eigentlich nicht erklären lassen. Spontan gefühlter Unmut beispielsweise, der bei vielen Mitbürgern vom Anblick Obdachloser oder anderer Randgruppen ausgelöst wird. Diese Wut ist ein Überbleibsel der alten Mechanismen.

Eigentlich bräuchten wir uns ja nicht aufzuregen und in der Regel gehen wir auch kopfschüttelnd vorüber und eben nicht mit Fäusten auf Berber los (auch hier gibt es Ausnahmen, leider).

Kinder aber leben ihre Urinstinkte noch viel intensiver, als Erwachsene das tun. Bei den Kids haben sich der Verstand und vor allem die Moral noch nicht über den Instinkt erhoben.
Deshalb reagieren sie oft aggressiv auf die Kameraden, die *offensichtlich* schwächer sind als sie. Brillenträger, Dicke oder auf Kameraden, die eben zu einer (scheinbar unproduktiven) „Randgruppe" gehören.

Niemand muss im Zeitalter der Automatisierung noch täglich um sein Leben laufen oder Beute hinterher jagen, deshalb birgt das Dicksein auch kein Überlebenshindernis mehr. Genauso wenig wie es schlechte Augen tun. Aber Brille und dicke Beine sind nach wie vor sichtbare Zeichen von „Schwäche". Zumal Kinder ja von der Erwachsenenwelt gelernt haben, dass Fettsein ein Makel ist und keinesfalls der „Norm" entspricht.

Diese Mechanismen bleiben trotz aller Zivilisation im Überlebenskoffer von Mutter Natur und sind ausschließlich mit unserem Verstand und dem erworbenen Intellekt ausschaltbar. Aber…

... was ist Fett eigentlich?

Maria gehörte zu den „natürlich schlanken" Frauen. Niemals machte sie sich Gedanken über Essen. Ihr Kühlschrank war der Aufbewahrungsort für ein Sammelsurium haarsträubender „Dickmacher" neben „gesunden" Lebensmitteln.

3,5 % fette Milch, Kalbsleberwurst, Eierravioli, Joghurt, Sahnedressing für den Salat, Karotten und Vanilleeis, Schokolade für die Zeit vor ihrer Periode.
Im Frühjahr 1992 bestellte sich Maria eine neue Sommerhose im Versandhaus. In dieses quietschrosa Teil hatte sie sich auf den ersten Blick in den Katalog verliebt. Sehnsüchtig erwartete sie ihre Errungenschaft in Größe S, und als sie endlich kam, eilte sie flugs zur Anprobe ins Schlafzimmer.
Ein Blick beim Auspacken auf das Wäschezeichen zeigte ihr sofort, es war die falsche Größe. XS hatte das Versandhaus versehentlich geliefert.
Maria wog bei 164 cm zwar gerade mal 54 kg, aber sie bezweifelte trotzdem, dass sie da hineinpasste.

Tatsächlich, ein kleines Fettröllchen, das sie, schon seit sie denken konnte, an den Hüften trug, sie aber nie gestört hatte, bremste den Hosenbund knapp vor dem Ziel. Der Anzieh-Versuch mit sanfter Gewalt und eingezogenem Bauch endete in einem grässlichen *Raaaatsch*. Umtausch ausgeschlossen, die Hose war an der Naht gerissen.

Ihr mageres Studentenbudget ließ den Neukauf, eine Nummer größer, leider auch nicht zu. Maria beschloss, den Riss zu nähen und lieber das Röllchen loszuwerden, als auf die schöne Hose zu verzichten.
In den nächsten 15 Tagen schaffte sie es problemlos, sich tagsüber mit Knäckebrot und einem kleinen Salat am Abend über Wasser zu halten. Auf Schokolade und Frühstück verzichtete sie ganz.

„Die Überinformationen hatten ganze Arbeit geleistet. Ursache und Wirkung."

Zwei Hungerwochen später hatte sie drei Kilo weniger und die Sommerhose passte wie angegossen. Jedoch nur vier Wochen lang, dann kniff sie erneut. Einige Zeit später ging sie bei besten Willen nicht mehr über ihre Hüften. War sie etwa beim Waschen eingegangen? Maria hatte doch ganz normal gegessen, nicht anders als vor ihrer Crash-Diät. Und trotzdem wog sie plötzlich 56 Kilo, so viel wie noch nie. Eine diäterfahrene Freundin empfahl ihr ein Pulver aus der Apotheke. Maria ersetzte nun zwei Mahlzeiten durch einen Eiweißshake und nahm tatsächlich ganz schnell wieder ab. Sie geriet in einen Rausch.

Bei erreichten 50 Kilo warf sie den Rest des Pulvers in den Müll und freute sich auf ihre Sommerhose und das nun endlich wiederkehrende, normale Genießerleben.

Aber dieses alte Leben kehrte 10 Jahre lang nicht mehr zurück.

Maria wiegt heute 90 Kilo. Aus der „natürlich schlanken" jungen Frau wurde eine über alle Diäten informierte Dicke, die jahrelang mit ihrem Gewicht haderte und nicht verstehen konnte, wohin die leichten und unbeschwerten Jahre verschwunden waren.
Ein hoher Preis für eine Sommerhose.

Was war passiert? Eigentlich etwas sehr Simples.

Marias Körper, der vorher niemals eine (Nahrungs-) Notsituation kannte, schaltete erstmalig den uralten Einlagerungsmechanismus. Aber nicht einfach nur so. Es wurde ihm beigebracht, mit dem ersten, tagelangen Hungern.
Bestätigt wurden die vermeintlichen Notzeiten durch die Pulverdiät, dann durch die Kohlsuppekapseln, schließlich durch ein anderes Eiweißprodukt. Es folgten die Appetitzügler, dann die Fettbinder-Kapseln und und und…

Maria lernte im Laufe ihrer „Karriere" den berüchtigten JoJo-Effekt x-mal persönlich kennen, von dem sie in ihren schlanken Zeiten allenfalls aus den Medien oder von Bekannten gehört hatte. Gut gemeinte Abspeck-Ratschläge brachten nach jeder Abnahme am Ende immer noch mehr Kilos auf die Waage anstatt weniger.

Die Überinformationen hatten ganze Arbeit geleistet. Ursache und Wirkung.

Fett ist eigentlich ein effektiver Schutz für Notzeiten und zudem die beste Wärmeisolierung, gleich nach der Daunenjacke.
Fettpolster sind eingelagerte Energierationen für karge Tage, eine clevere Überlebensstrategie von Mutter Natur und deshalb *niemals* etwas Böses, Feindliches und Hässliches.
Fettpolster schützen auch die Seele, daher auch die Bezeichnung „Kummerspeck". Heute haben wir fatalerweise wegen des Specks den großen Kummer und lagern ihn am Ende genau deshalb ein.
Maria kam nicht einmal auf die Idee, dass bei ihr nur eine Schutzfunktion geschaltet wurde. Sie fühlte sich ausgeliefert, macht- und hilflos.

In meinen Gruppen taufe ich das hässliche Wort Fett in ***Energie***, und die Furcht einflößende Bezeichnung Fettpolster in ***Energiereserven*** um.

Energie assoziiert doch viel eher etwas Positives und Energiereserven zeugen vom tatsächlichen und ursprünglichen Sinn, nämlich der Fähigkeit des Körpers, sich und seine Seele effektiv zu schützen, - um zu überleben.

Ich fühl mich Sch...
der Medien-Overkill

Unser Schönheitsideal ist eine Frechheit, und zwar jedem Hunger leidenden Menschen dieser Welt gegenüber. Wir überweisen Spenden in ferne Länder, aus denen wir pünktlich zur Abendessens- und besten Sendezeit ausgemergelte und klapperdürre Körper „serviert" bekommen.

Während diese Menschen aus tiefstem Herzen bemitleidet werden, schmieren sich Millionen von Frauen und immer mehr Männer die Halbfettmagarine aufs Knäckebrot, obendrauf den kalorienarmen Käse oder die Diätwurst. Um doch bitte ganz genau so auszusehen wie die mageren Gestalten auf der anderen Seite der Mattscheibe.
Übertreibe ich ein wenig? Aber wirklich nur ein wenig.
Der Mensch ist visuell geprägt. Er sieht viel besser, als er riechen oder hören kann.
Seit es Menschen auf dieser Welt gibt, haben sie schon immer Vorbildern nachgeeifert. Die Stärken anderer zu erkennen, sich etwas davon abzuschauen und für sich zu nutzen hat uns erst zu den Lebewesen auf Gottes Erdboden gemacht, die sich am weitesten von allen anderen entwickeln konnten.

Deshalb ist auch der „höher, weiter, schneller, besser, schöner…"-Trieb sehr stark bei uns ausgeprägt.

Er gehört in den Koffer der Weiterentwicklungs- also *Überlebensmechanismen*.

Einst waren unsere Vorbilder erfolgreiche Jäger, mutige Krieger oder handwerklich geschickte Menschen in der näheren Umgebung. Sie hielten Führungspositionen inne und ihre Mitmenschen profitierten von deren besonderen Fähig- und Fertigkeiten.
Heute sind es Film- und Kinohelden und, speziell für uns Frauen, die makellosen Schönheiten, die in den Werbespots die neuesten Zahnpasten, Putzmittel und Antifaltencremes anpreisen.

Schöne Menschen überall. Sie berichten uns von den Ereignissen des Tages, moderieren Shows und Events, führen uns durch den Unterhaltungsabend. Sie lachen von den Titelseiten der Magazine und berieseln uns im Kino.
Stars gewinnen und erhalten ihren Status von einer Fangemeinde. Die Fans gewinnen sie, weil sie etwas Besonderes bieten, sich von der Masse abheben. Eine tolle Stimme, ein wunderschönes Aussehen, die begnadete Fähigkeit, besser als alle anderen Auto zu fahren, Fußball oder Tennis zu spielen. Oder eben Geld wie Heu zu besitzen.
Geliebt, geachtet oder gar bewundert zu werden, sich von der Masse abzuheben, dieser Wunsch steckt in vielen von uns. Durch diese Charakterzüge zeichnen sich heute wie früher die Vor- und Leitbilder aus. Aber nur wenige schaffen durch ihre besonderen Talente und Fertigkeiten tatsächlich den Weg in die „Elite-Etage".

In uns *allen* aber steckt das instinktive (und früher überlebenswichtige) Bedürfnis, der Norm zu entsprechen. In der Reihe zu tanzen, dazuzugehören, produktiv zu sein um bitte nicht aussortiert zu werden.

„In uns allen aber steckt das instinktive...

Die vorgegebene Körpernorm ist heute *„dürr"*. Auch Männer geraten mehr und mehr unter diesen Druck. Erfolg bei Frauen und im Beruf ist laut Werbung nicht nur vom dicken Auto, sondern neuerdings auch vom Sixpack abhängig. Chirurgen können ein lukratives Absauglied davon singen und reiben sich, bei inzwischen fast 50% männlicher Kundschaft, freudig die Hände.
Entspricht man dieser selbst erschaffenen bzw. von den Medien kreierten Norm nicht, dann beginnt das große Hadern mit sich und seinem Körper. Die große Unzufriedenheit und die Versagensängste. *Schlanksein* kann ja schließlich jeder, wozu gibt es denn Diäten. Durchhaltevermögen und Disziplin sind gefragt, mehr nicht.

Werbeleute arbeiten mit unseren Urbedürfnissen. Sie sind über die uralten Programmierungen bestens informiert und sie werden mit allen Mitteln gefördert. Denn schließlich ist der heutige Schönheits- und Schlankheitswahn eine sehr lukrative Einnahmequelle vieler Industrien.

Und der Kundenkreis wird stetig vergrößert. Nach den Dicken werden jetzt auch verschärft die Schlanken in die Mangel genommen.

Ein Werbespot mit Udo Jürgens, der im Moment auf allen Kanälen läuft, macht mich jedes Mal rasend, wenn ich ihn sehe.

Ein junges Pärchen kocht gemeinsam in der Küche. Er verkostet gerade die Tomatensoße und meint hoffnungsvoll: *„Oh, da fehlt nur noch ein wenig Sahne."*
Sie, super super super schlank, dreht sich erschrocken zu ihm um und schaut derart entsetzt, als hätte er gerade gesagt: „Oh, da fehlt jetzt noch ein Schuss Arsen."
Er beruhigt sie sofort mit den verständnisvollen Worten:
„Oh ich weiß ja, dein schlechtes Gewissen...!"

... und früher überlebenswichtige Bedürfnis, ...

In diesem Moment kommt Udo Jürgens tanzend durch die Küchentür. Er wedelt mit einer Flasche und trällert seinen altbekannten Schinken, allerdings mit neuem, aussagekräftigem Text: *„Aber bitte mit Rama."*

Will also heißen: wer gerne so schlank wie das junge Mädchen bleiben möchte, meide gefährlich fettmachende Sahne wie die Pest und nehme doch ab sofort den wohlschmeckenden Ersatzmist von Rama.

Die Angst ist geschürt und – *schwups!* - schon tut sich eine neue Kundengruppe auf. Junge schlanke Frauen, die genau so dünn bleiben wollen, wie sie gerade sind.
Übergewichtige kaufen den Sahneersatz selbstverständ-

lich auch. Schließlich wollen sie dieselbe Figur bekommen wie die superschlanke Köchin.

... der Norm zu entsprechen."

Die Welt ist, wie *wir* sie sehen (ein uralter buddhistischer Spruch). Tatsächlich orientieren wir uns nicht an völlig **norm**alen Mitmenschen, sondern an den Schönheiten, die uns die Medien präsentieren. Die reale, wirkliche, echte Norm aber sitzt in meinen Gruppen.
Angefangen hat alles nach den Entbehrungen des Zweiten Weltkriegs. Mit dem neu gewonnenen Wohlstand kamen nach dem großen Hungern die Fressorgien und das große Schlemmen. Man hatte schließlich einiges aufzuholen.
Je mehr die Menschen im Laufe der Nachkriegsjahre wieder zu essen hatten, je reichhaltiger der Tisch gedeckt war, desto dünner wollten sie plötzlich sein. Die Schönheitsnorm änderte sich mit der Verbreitung der Fernseher drastisch. Ausladende Brüste und pralle Pos der 50er Jahre, wie sie Marilyn Monroe vorzuweisen hatte, wichen in den 70ger Jahren Mager-Models á la Twiggy.
Diäten eroberten schnell den Markt. Die ersten nannten sich noch lapidar Abmagerungskuren.
Obwohl das Fett jetzt auf den Index kam, Lightprodukte und Rohkost immer mehr die Supermarktregale eroberten, wurde der Bevölkerungsdurchschnitt im Laufe der Zeit fetter und fetter. Die Vorbilder gleichzeitig aber immer noch dünner.

Die Industrien erkannten schnell ihre Chance auf das lukrative Geschäft.

Mit der Präzision eines Uhrwerks werden seither dem Abnehmwilligen Frühjahr für Frühjahr immer neue Diäten und Wunderpillchen serviert. Nur die Namen sind exotischer. Statt FdH (**F**riss **d**ie **H**älfte) und Abmagerungskur heißen sie nun Hollywood Diät, Low Carb oder Fatburner-Kapseln.

Um unseren Schönheitsvorgaben zu entkommen, müssten alle erfolgreichen und berühmten Leute, die wir täglich in der Glotze und anderen Medien bewundern, rund und pummelig sein. Wieder ausgestattet mit prallen Hüften, ausladenden Popos, kräftigen Oberschenkeln und Kugelbäuchen. Ganz schnell wären das die erstrebenswerten Ideale und keinesfalls der Grund, voller Frust mit der Figur – und dem eigenen Leben zu hadern. Oder Essen müsste knapp werden.

Wäre Nahrung plötzlich wieder etwas Seltenes und deshalb Wertvolles, wären Nahrungsreserven am Körper sehr schnell (wieder) ein *positives* Zeichen. Nämlich sichtbare, *natürliche* Indikatoren für Reichtum und Stärke. In vielen anderen, armen Ländern gilt dieses Ideal noch heute.

Manchmal, wenn eine superschlanke Frau vor mir am Trainertisch sitzt, ein winziges Röllchen an ihrer Hüfte zwischen Daumen und Zeigefingern zusammenkneift und mich mit großen Augen darum bittet: *„Das muss weg",* nehme ich die Schere aus meiner Schublade und sage lapidar: *„Okay, mit oder ohne Narkose?"*

Das soll weder böse noch arrogant klingen, sondern nur die Tatsache ins Bewusstsein rufen, dass dieser Teil des

Körpers weder ein Geschwür noch sonst ein Makel ist. Es ist eine winzig kleine Reserve, die Mutter Natur angelegt hat, um auf ein wenig Energie in schlechten Zeiten zurückgreifen zu können. Ein Freundschaftsdienst also, ein netter Zug, eine liebevolle Fürsorgeaktion. Nur unsere Umwelt und die Medien machen diese überlebenswichtige Fähigkeit zu einer Geißel und sie nehmen uns somit das Selbstwertgefühl.

Selbst-Wert-Gefühl

Wer dauerhaft abnehmen möchte, völlig egal ob viel oder nur wenig, muss die Seele und den Geist mit in dieses Vorhaben einbeziehen, sonst klappt es nicht. Einzig und allein den Körper herauszupicken, das machen schon die Diäten. Sie veräppeln die Biochemie, mehr nicht. Kurzfristig lassen sich damit sicher Erfolge erzielen, aber Kopf und Seele sind mächtig und die meisten Abnehmmethoden sind deshalb von vornherein zum Scheitern verurteilt.
Solltest du zu den schlanken Frauen gehören, die nur ein, zwei oder drei Kilo abnehmen möchten, so hast du es sicher etwas schwerer. Denn Mama Natur liebt ihre Vorräte und ihr wäre es eigentlich viel lieber, du hättest wesentlich mehr davon in deinen Zellen.
Gehörst du zu den Menschen, die viel (positiven) Ballast loswerden wollen? Vielleicht 10, 20, 30 oder noch mehr Kilos? Kein Problem, wenn du dein Ziel ganz klar vor Augen hast.
Wenn du bereit bist umzudenken, wenn du vertraust, nicht nur mir, sondern vor allem deinem wunderbaren Körper. Und wenn du verstehst, dass Mutter Natur nur dann ihre wertvollen Überlebensreserven abgibt, wenn du sie davon überzeugst, dass sie nicht mehr gebraucht werden. Und wie kann man Mutter überzeugen? Zunächst einmal natürlich nur mit und **niemals** ohne Essen.

Fang also an, deinen Körper zu mögen, auch wenn er dir im Moment nicht gefällt.
Selbstwertgefühl, nicht zu verwechseln mit Selbstver-

trauen, ist unglaublich wichtig. Selbstvertrauen besitzt du, wenn du keine Scheu hast, deine Reserverollen im Schwimmbad zu zeigen.
Selbstwertgefühl besitzt du, wenn dir die Menschen dort von Herzen Leid tun, die verletzende Bemerkungen über deine Figur machen.

„Du möchtest gerne schlank sein? Dann nur für dich selbst!"

Sie wissen nichts! Sie haben keine Ahnung, warum du dir deine Reserven angeschafft hast. Kennen deine ganz individuelle Geschichte nicht und sind zudem Opfer ihrer Aussortier-Triebe. Lass sie links liegen.
Vielleicht schaffst du es nun, mit dem Wissen über die Einlagerungsmechanismen, deinen Körper und seinen Vorräten einen Wert zu geben.

Schließlich hat er für *dich* reagiert und das ist doch ein sehr tröstlicher Gedanke und allemal ein Grund, ihn zu mögen und nicht weiter zu verstecken.
Mach deinen Frieden mit ihm, schäme dich nicht wegen seines Aussehens, dazu gibt es keinen Grund, und bemitleide die Mitmenschen, die es einfach nicht besser wissen!
Selbstwertgefühl zu besitzen, zu wissen, etwas wert zu sein, ist eine große Errungenschaft, die uns niemand geben kann – niemand außer wir uns selbst! Der Wert nämlich, der uns von *anderen* gegeben wurde, kann von denselben Menschen auch ganz schnell wieder genom-

men werden. Bist du schon einmal von deinem Partner verlassen worden? Das schmerzhafte Gefühl des Wertlos-Seins macht den größten Anteil am Liebeskummer aus. Liebeskummer = Selbstwertkummer.
Der Partner hat den Wert, den er dir mit seiner Liebe erst gegeben hat, beim Verlassen einfach wieder mitgenommen.

Nur wenn du anfängst, dich selbst zu mögen, dich so akzeptierst, wie du bist, mit all deinen Stärken, Schwächen und auch mit deinen Reserveröllchen, kannst du völlig relaxt dein Ziel angehen. Du darfst es von niemand anderem abhängig machen.
Du möchtest gerne schlank sein? Dann nur für dich selbst. Weder für deinen Partner, die Kollegen, die Eltern oder deine Freunde.

Menschen, die immer schlanker werden, haben leider nicht gleichzeitig die Garantie, auch immer glücklicher zu werden. Deshalb sollte jeder eigentlich erst mit seinem Körper glücklich sein, im Einklang leben und genau deshalb schlank werden.
Du hasst dein momentanes Ich? Dann stehst du dir selbst im Weg. Eine Motivation aus negativen Gefühlen heraus wird dir immer einen steinigen Weg bescheren. Fange an, deinen Körper zu spüren. Was du fühlst, das bist du.

Vielleicht warst du bisher der Meinung, inkonsequenter als andere Menschen zu sein, insbesondere als die Schlanken. Nein, denke das niemals! Tatsächlich bist du weder disziplinloser noch inkonsequenter, noch maßloser. Du bist nicht schlechter als irgendjemand anders, den du um seine Figur beneidest!

Dein Körper wurde in eine falsche Richtung bugsiert und dafür kannst du wirklich nichts. Schuld daran sind all die Informationen, die tagtäglich auf uns einstürmen. Informationen, die Ängste auslösen und dadurch die Zellen immer noch mehr füllen. Dein Körper hat zu viele Reserven, irrtümlich. Er war der Meinung, er müsse sie für dich ansammeln. Die Beweise hast du ihm nur versehentlich geliefert.
Ich erzähle dir diese Dinge nicht etwa, weil ich esoterisch angehaucht bin, sondern weil ich aus tiefsten Herzen von einem überzeugt bin:

Für Mutter Natur gibt es nur zwei Faktoren, ob sie für dich Reserven anlegt und mit ihnen haushaltet oder ob sie ihre Notrationen freigibt und bereitwillig verbrennt, nämlich ...

... Gute Zeiten, schlechte Zeiten

Wachst du morgens schon gefrustet auf? Stellst du dich womöglich, kaum dass deine müden Augen die Zahlen erkennen können, auch schon auf die Waage? Weißt du spätestens jetzt, dieser Tag kann nicht dein Tag werden?! Die Laune ist schlecht, im Kleiderschrank nichts Passendes zu finden und das Spiegelbild entwickelt sich zum Schreckgespenst.

Du fühlst dich klein und mies, hässlich und traurig. Jetzt wird Mama dafür sorgen, dass es dir wenigstens körperlich wieder gut geht. Sie schaltet auf „Energiesparen".

Frühstück fällt selbstverständlich aus, schließlich willst du ja nicht noch Öl ins Fettfeuer gießen und am Nachmittag ist zudem die Geburtstagsfete bei Maria. Da lässt sich dann das Versäumte gefahrlos nachholen.

Spätestens jetzt hast du bei Mum die anfängliche Vermutung bestätigt. Nicht nur Not, sondern Hungersnot ist ausgebrochen! Sie reagiert prompt und zuverlässig. *„Hilfe, schlechte Zeiten, wo ist der Turbo-Einlagerungs-Sparschalter!"*

Du startest in einen Zunehm-Tag und nur weil du
1. dir mit dem Wiegen deine Stimmung versaut hast und
2. *nichts* gegessen hast!

Mutter kann nur mit den Gefühlen sehen und entscheiden. Mit *deinen* Gefühlen und mit *deinen* Taten. Jetzt spart sie nicht nur, weil es dir offensichtlich schlecht geht, sie lagert auch noch alles für dich ein, solltest du im Laufe des Tages doch noch etwas essen (und du wirst essen, spätestens bei Maria).
Die Entscheidung hast du getroffen, unwissend, wenn auch mit ganz anderen Zielen.

„Der Zeiger der Waage sagt über eine Abnahme nichts aus."

Was ist zu *tun*?
Zuerst muss die Waage weg. Stell sie in den Keller, wirf sie auf den Müll oder schenke sie deiner Schwiegermutter (falls du sie magst, tu es bitte nicht). Dieses Ding kann nicht die Entscheidung darüber treffen, ob es dir gut oder schlecht geht, ob Mutter Natur einlagert oder abgibt.
Der Zeiger der Waage sagt über eine Abnahme nichts aus. Schwankungen zwischen zwei und drei Kilo *am Tag* sind völlig normal. Bei uns Frauen sowieso.
Wir lagern Wasser im Gewebe ein, wie wir es brauchen oder auch nicht brauchen. Lass dir weder von Zahlen noch von einem Zeiger die Stimmung diktieren und, noch viel schlimmer, schlechte Zeiten signalisieren. Kummer macht Kummerspeck, tatsächlich, und das liegt am Hormon-Cocktail im Blut. Macht dir dein Gewicht Kummer und bist du etwa ein…

... Wiege-Junkie?

Wiegst du dich mehrmals am Tag? Schleppst du die Waage womöglich an fünf verschiedene Orte in der Wohnung, um ein besseres Ergebnis zu bekommen? Erkennst du jeden Schlemmerabend am nächsten Tag anhand der Zahl auf der Waage?
Dann solltest du wissen, dass schlaue Ernährungsfachleute ausgerechnet haben, man müsse 7000 Kalorien verbrennen, um ein Kilo Körpergewicht zu verlieren. So weit nichts Neues, ABER: Es ist auch genau umgekehrt. Um ein Kilo Fett anzulegen, muss man also 7000 Kalorien essen, und das über den eigenen Energieverbrauch.
Aha, 7000 Kalorien, das ist eine Menge Holz und an einem einzigen Partyabend sicher nicht zu bewerkstelligen.

Die Waage, unendlicher Frustbescherer.
Ein entweder mechanisches oder digitales Teil, zusammengeschraubt aus vielen Einzelteilen und Grund für so viel Frust auf dieser Welt. Die meisten Schlanken, die ich kenne, besitzen keine Waage. Ich übrigens auch nicht.
Wenn sie doch eine haben, dann stellen sie sich alle Jubeljahre einmal darauf. Sind sie gerade deshalb schlank? Diese Frage darf ruhig im Raum stehen bleiben.

Im Forum auf meiner Internetseite treffen sich nicht nur Leser meiner Bücher, sondern auch jede Menge andere Diät-Gefrustete, die einen Weg aus dem Abnehmteufelskreis suchen.

Viele hilfreiche Beiträge wurden von „Betroffenen" aus ganz Deutschland und dem benachbarten Ausland geschrieben.

„Die meisten Schlanken, die ich kenne, besitzen keine Waage."

Den einen oder anderen habe ich, natürlich mit Erlaubnis der Autoren, in dieses Buch übernommen.

Die Waage ist und bleibt ein großes Reizthema. In meiner Online- wie auch in den „realen" Gruppen verbiete ich den Teilnehmern das Wiegen zwischen den Treffen.

Vielen fällt das unglaublich schwer, sie reagieren wie Junkies auf Drogenentzug, schließlich diktierte die Waage schon jahrelang die Stimmung. Die Realität aber beweist immer wieder, wer sich unter Druck setzt, sei es durch ein Diätkonzept, den Partner oder die Waage, wird auf Dauer diesen Druck nicht aushalten und eben scheitern.

Hallo Leute,

heute war das dritte Treffen meinerAbnehmgruppe.
Das Resultat war genau wie hier in der Online-Gruppe, einige hatten weniger,
andere etwas mehr, die Nächsten etwa Gleichstand.

ABER: Bei einer jungen Teilnehmerin, die Gleichstand hatte, das auch schon vorher wusste, weil sie zu Hause auf der Waage stand, ist der Groschen spätestens heute gefallen.
Sie hat ihren Umfang nachgemessen, und siehe da, trotz gleichem Gewicht waren am Bauch 5 cm einfach verschwunden. Das wollte sie erst nicht glauben. Also hat sie noch mal nachgemessen. Hoch und runter, jede Stelle am Bauch, dann diagonal, aber es ließ sich einfach nicht abstreiten: 5 cm waren weg!

„Ich hab doch in den letzten 14 Tagen kaum Sport gemacht, und davor war ich so fleißig. Deshalb konnte ich diese 5 cm nicht glauben, das durfte doch nicht sein!"

Leute, die faulsten Teilnehmer meiner Gruppe waren oft diejenigen, die am meisten abgenommen haben. Es kommt nicht nur auf die Bewegung an. Bewegung hat einen anderen Sinn bei LL. Es kommt vor allem auf die Bewegung im Gehirn an!!!!

Auf das Vertrauen in euren Körper. Und nun gut durchlesen, es ist wichtig!

ESSEN MACHT NICHT DICK!!

Verdammte Axt: Jeder in meiner Gruppe kennt mindestens einen, der essen kann, was er möchte, und trotzdem klapperdürr bleibt.

Essen macht nicht dick!
Andere Sachen machen dick!
Die Waage macht dick!

Wer morgens mit Erschrecken feststellt, dass er ein Kilo mehr hat, der hat seinem Unterbewusstsein gesagt, ich bin dick! Und ich bleibe es auch! Nein? ***DOCH!***

Habt ihr bei einem Mehr an Gewicht schon mal „Klasse!" gerufen? Nein, niemals! Punkt!

Dieses „Mehr" wird immer negativ behaftet sein. Und das übernimmt das Unterbewusstsein 1:1 !!

Bei meinem nächsten Gruppenstart, wenn die Frage kommt: „Was muss ich denn zum Start mitbringen?", werde ich sagen: ***„DIE SCH... WAAGE!"***

(...)

Auszug aus dem lightlife-Online-Forum, Beitrag nachgestellt.

Hier eine der Antworten aus dem Forum, die dich hoffentlich dazu bringt, deine Waage ganz weit weg zu stellen:

„Kleine Geschichte dazu: Ich hatte 15 Jahre lang keine Waage, hab mich nur in sehr großen Abständen bei meiner Ärztin gewogen. Ich hab gegessen, wie ich wollte, und meine Figur mühelos gehalten. Hab sogar an meinen Hosen gesehen, dass ich schmaler werde. Mir ging es gut.

Dann schenkt mir meine Mutter eine Waage. Zehn Kilo zugenommen! Sofort habe ich nicht mehr an mein Körpergefühl und an den Spiegel geglaubt, hab Essen kontrolliert, Kalorien gezählt, hatte schließlich Fressanfälle ohne Ende und nach kurzer Zeit konnte ich mir neue Hosen kaufen 2 Größen größer!"

Wenn du mit Hilfe dieses Buches aus dem Diätenkreislauf hinaus möchtest, wenn du ein natürliches Verhältnis zu essen zurückgewinnen willst, wenn du schlank werden möchtest, weil du wie ein Schlanker handelst, dann sperr die Waage ganz weit weg oder mach es wie in einem anderen Buch vorgeschlagen. Schreibe dein Zielgewicht auf einen Zettel und klebe diesen ganz frech über das Anzeigenfenster deiner Waage. So verlierst du niemals dein Ziel aus den Augen und vermeidest außerdem schlechte Laune, die womöglich zu einer Fressattacke führen wird.
Das ist Selbstbeschiss? Nein! Du bist glücklicher Besitzer einer Placebowaage.

Oli H. - Ein Beispiel von vielen

Die meisten Dicken, die ich kennen lernte, aßen alles in allem weitaus weniger als ich. Das war für mich ein völlig überraschendes Ergebnis der „Fressberichte", die ich mir schreiben ließ, und der Grund, mir das Ess-Verhalten näher zu betrachten. In den nachfolgenden Gesprächen staunte ich nicht schlecht, welche winzigen und dennoch elementaren Fehler begangen wurden. Die Lösungen waren dann fast schon erschreckend einfach. Die „Fressberichte" habe ich übrigens sehr schnell in „Hungerberichte" umbenannt.

Einer meiner ersten „Fälle" war Oli.

Oliver war Mitglied in dem ersten Studio, in dem ich arbeitete. Er kam regelmäßig und fleißig zum Training, machte stets ein gleich unfreundliches Gesicht und brachte auch nur selten eine nette Begrüßung über seine Lippen, wenn er den Trainingsraum betrat.

So fing ich 1999 mit Oli an. Er wog knappe 130 Kilo.

Oliver war fett. Ich meine so richtig fett.
Eigentlich verwunderlich, denn er trieb wie gesagt sehr viel Sport.

Er schwitzte nicht nur regelmäßig und sehr lange auf dem Studio-Ergometer, ich erfuhr außerdem, dass

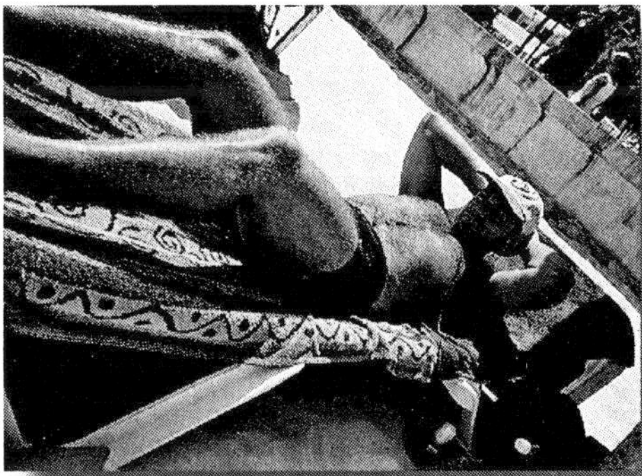
Das war Oli mit 79 Kilo auf Mallorca.

er leidenschaftlich gerne Squash spielte. Da er dabei seine knapp hundertdreißig Kilo bei 172cm nur relativ langsam durch den Court wuchten konnte, hatte er eine unglaublich gute Technik entwickelt, mit der er sogar Turniere zu gewann.
Obwohl Oli mir nicht sonderlich sympathisch war, beschäftigte er mich dennoch. Ich konnte einfach nicht fassen, warum er trotz der vielen Bewegung dick blieb. Eines Tages suchte ich mit ihm deshalb das Gespräch.

Oli war überraschenderweise sehr offen und ich musste mein Urteil erst einmal gründlich revidieren. Unter der unfreundlichen und introvertierten Schale befand sich ein sensibler und unglaublich feinsinniger Mensch, der zudem noch einen erfrischend intelligenten Humor besaß.

Oli und ich wurden dicke Freunde.

An einem Sonntag, wir trainierten nun öfter gemeinsam, standen wir im Freihantelbereich vor dem großen Spiegel. Oli hatte eines seiner lustigen T-Shirts an, die, wie ich glaubte, ausschließlich die Funktion hatten, von seiner Leibesfülle abzulenken. Ich schaute ihm eine Weile bei seinen Übungen zu und dann rutschte das heraus, was mir schon so lange auf der Zunge lag:

„Sag mal, Oli, warum setzt du nicht all deinen Ehrgeiz, den du doch hast und mit dem du alles so unbeirrt durchziehst, ins Abnehmen? Was du dir sonst vornimmst, machst du doch immer tausendprozentig. Warum nutzt du diese Eigenschaften nicht und wirst einfach dünn?"

„Weil ich nicht dünner werde, Lena. Ich war schon immer fett."

Gespannt und ein bisschen ängstlich, ihn jetzt womöglich verletzt zu haben, wartete ich auf seine Antwort. *„Weil ich nicht dünner werde, Lena. Ich war schon immer fett. Im Kindergarten war ich der dicke Oli, in der Schule der Fettwanst. Meine Mutter ist dick, meine Tanten sind es, meine Cousinen... einfach alle! Ich esse nicht viel, mache Sport ohne Ende und bleibe trotzdem fett."*

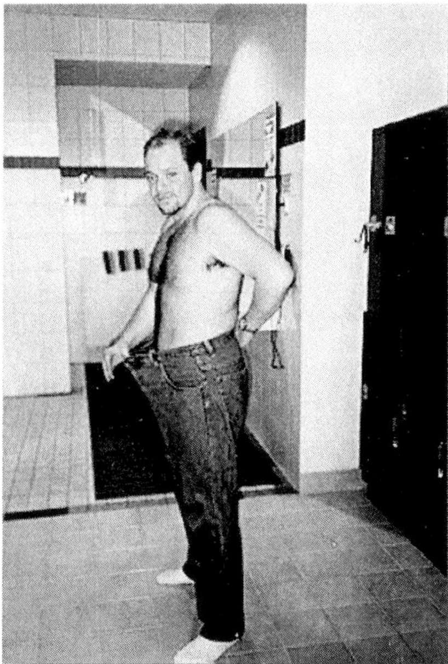

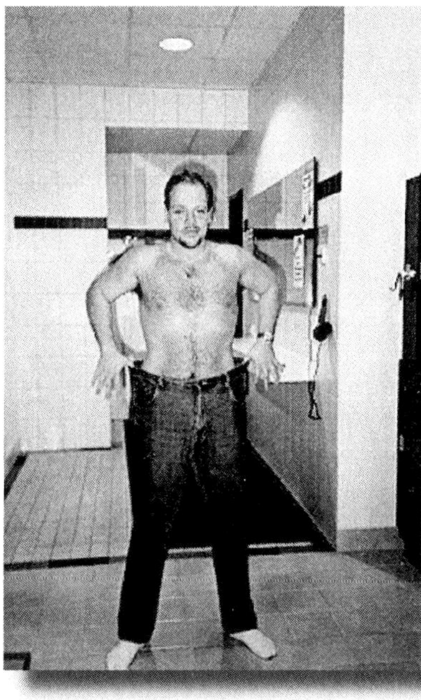

Das klang nicht einmal frustriert, eher gelangweilt. In diesem Moment dachte ich, er habe sich mit seinen überflüssigen Kilos abgefunden und tatsächlich kein Interesse daran, jemals etwas zu ändern.

Sicher würde ich das heute noch glauben, wäre da nicht der nächste Satz gewesen: *„Und außerdem, Lena, ich glaube nicht, dass ich besser aussehe, wenn ich schlank bin!"*

Und das klang jetzt sehr wohl frustriert.
Ich betrachtete sein Spiegelbild. Oli war 28 Jahre alt, nicht sehr groß, und litt schon jetzt an akutem Haarausfall. Aber er hatte ein sehr weiches Gesicht, wunderschöne blaue Augen und ein unglaublich warmes Lächeln.
Unter seinen Fettringen versteckte sich ein gut trainierter Körper, da war ich sicher.

„Das ist doch Quatsch!", antwortete ich deshalb im Brustton der Überzeugung: *„Ich denke du würdest sehr wohl gut aussehen!*
Lass dir erklären, um was es geht, und du entscheidest dann ob du Lust hast abzunehmen oder nicht! Ich befasse mich schon sehr lange mit dem Thema und ich denke, ich kann dir helfen. Ich verspreche dir, dass du keinen Hunger haben wirst, im Prinzip auf nichts verzichten musst. Und", betonte ich selbstbewusst, „ich schwöre dir, es wird keinen JoJo-Effekt geben!"

Oli sah mich halb zweifelnd, halb belustigt an.

Wie jeder Dicke hatte er schon eine Unzahl von Diäten hinter sich. Hatte x-mal ein paar Kilo ab- und umso mehr wieder zugenommen und irgendwann resigniert.
Ich bekam keine Antwort, zumindest nicht gleich.

Ein paar Tage später wollte er dann doch mehr wissen. Bis dahin hatte ich ihn ganz bewusst in Ruhe gelassen. Die Entscheidung, seine Fettreserven abzubauen, sollte nicht durch mein Überreden getroffen werden.

15 Monate später flog ich mit ihm nach Mallorca in den Urlaub. Oli war ein völlig anderer Mensch geworden. Er wog nur noch 79 kg und hatte einen super trainierten Körper. Seine Fettrollen waren verschwunden..
Aber nicht nur sein Äußeres hatte sich völlig verändert, auch seine Seele.

Eine Zeit lang, während des Abnehmens, wurde genau das zu einem Problem. Oli verlor kurzzeitig seine Identität. Mit jedem Kilo verschwand auch seine selbst geschaffene Persönlichkeit. Den dicken Oli mit den lustigen T-Shirts gab es bald nicht mehr. Er schmolz einfach weg, Kilo für Kilo, schneller als der neue Oli geboren werden konnte. Aber schließlich war er dann da, ein völlig anderer Mensch. Ein vor Selbstbewusstsein und Stolz strotzender, ein strahlender und attraktiver und vor allem interessanter Mann, der von nun an auch der Damenwelt nicht länger verborgen blieb. Oli hatte ein komplett neues Leben.

Das größte Problem, das sich trotz aller Erfolge immer wieder meiner Arbeit in den Weg stellte, ist das mangelnde Vertrauen.

Gehörst du auch zu den Menschen, die erst dann an Erkenntnisse glauben, wenn ein großer Name und möglichst ein Titel davor stehen? Wenn die Ergebnisse von einem Professor Doktor XY stammen, du in der Zeitung davon liest oder einen Bericht im Fernsehen gesehen hast?

Essen Dicke wirklich zu viel?

Dafür, dass Dicke dick sind, gibt es eine einfache Erklärung, ganz klar, sie essen zu viel. Oder etwa doch nicht? Professor Alfred Gerbert von der Fachhochschule des Bundes in Münster behauptet jedenfalls das Gegenteil: Sie essen zu wenig.

Der Psychologe hat folgendes Experiment durchgeführt: Dicke und dünne Probanden sollen eine neue Kuchen- und Tortenrezeptur probieren und bewerten. Interessiert hat Gebert dabei, wer mehr isst, Dicke oder Dünne. Das erstaunliche Ergebnis: Die Dünnen völlen, die Dicken stochern ein bisschen im Kuchen herum. Allerdings schmeckt den Dicken der Kuchen sehr gut. Doch warum essen sie dann nicht mehr davon? Und wenn Dünne so viel essen, warum sind sie dann dünn?

Ein Ess-Tagebuch sollte Erklärungen liefern. Und tatsächlich, die Aufzeichnungen zeigten: Dicke essen zu wenig! Meist gehen sie ohne Frühstück aus dem Haus, essen nichts zu Mittag und erst um 15/16 Uhr ihre erste Mahlzeit. Bis dahin hat sich ein Heißhunger angestaut. Zudem essen sie unvernünftig, zu fett, zu kalorienreich, oft sogar noch spät nachts, trotzdem aber immer relativ wenig.

Doch weshalb werden sie trotz kleiner Portionen dick? Die Erklärung des Professors: Korpulente Menschen programmieren ihren Körper durch ihr Essverhalten so, dass er sich nicht darauf verlassen kann, wann es das nächste Mal etwas zu essen gibt. (...)

Alle Nahrung, die zugeführt wird, wird in Not-Fett-Polstern gespeichert. Der Zeitpunkt der Nahrungsaufnahme, kurz vor dem Schlafengehen, verstärkt diesen Effekt. Dünne hingegen essen über den ganzen Tag verteilt, oft abends nichts mehr, sie essen kalorienbewusst, häufig, ohne darüber nachzudenken.

Der Tipp des Professors: Dicke müssen ihre Essgewohnheiten ändern, zum Beispiel einen Abend aufs Essen verzichten. Am nächsten Morgen kommt der Hunger, man frühstückt und schon entsteht ein anderer Ernährungsrhythmus. Den ganzen Tag über immer wieder den kleinen Hunger stillen, heißt die Devise. So können unvernünftige Fressattacken vermieden werden.[1)]

Gute Zeiten, schlechte Zeiten.
Nichts anderes habe ich jemals behauptet. Es ist so simpel und doch so umfangreich, seinen Körper von „schlechten Zeiten" auf „gute Zeiten" umzuprogrammieren.
Viele Diäten, Hungerphasen und noch vielmehr die daraus resultierenden Ängste und der Frust haben ihm oft genug bewiesen, dass ständig schlechte Zeiten angesagt sind.

Aber nichts ist hoffnungslos und das Schöne an Mamas cleverem Anpassungskonzept ist, dass sich der Organismus immer anpasst, egal wie lange die momentane Situation schon ihren Bestand hat. Natürlich wird sie ihre Fettzellen nicht abschaffen. Um dies sorglos tun zu können, bräuchte sie Tausende und Abertausende Jahre an Beweis.

Die kleinen Anpassungen im Körper hingegen vollziehen sich sehr schnell.

Hornhaut, Bräune, Muskelzuwachs oder Muskelverlust (bei einem Gipsarm zum Beispiel) sind lediglich Anpassungen auf die Veränderungen äußerer Umstände. Allerdings mit großer Wirkung. Dasselbe gilt selbstverständlich auch für die Einlagerung von Fettreserven.
Möchtest du deinen Körper an gute Zeiten anpassen? Dann wirf erst einmal deine Waage weg oder wiege dich höchstens nur noch alle 14 Tage. Wenn du mit schlechten Gefühlen auf die Zahlen starrst, dann nimmt dir Mutter Natur nur sehr ungern den Ausbruch „guter Zeiten" ab.
Joe, ein Teilnehmer meiner Gruppen, legte in drei Monaten 600 Gramm zu, verlor aber gleichzeitig 52! cm Umfang. Er fiel regelrecht aus seiner Kleidung. Laut Waage hätte ich ihm bei einer Geld - zurück - Garantie seine Gebühr erstatten müssen.

Der zweite und gleichzeitig einer der elementarsten Punkte ist…

… das Frühstück

Nahezu 100 % meiner Gruppenteilnehmer frühstückten nicht.
Sie aßen zum ersten Mal erst viele Stunden nach dem Aufstehen. Und hier liegt einer der größten Fehler.
Nahrungsmangel löst bei Mama *immer* eine Einspar-Reaktion aus. Sie schaltet ihren Stoffwechsel herunter, um möglichst viel Energie zu sparen. Das allein ist, wenn man abnehmen möchte, schon kontraproduktiv genug. Noch viel schlimmer ist, dass jetzt auf jeden Fall, irgendwann im Laufe des Tages, Heißhunger aufkommt. Mutter möchte essen, schließlich hat sie einen Überlebensauftrag. Und das lässt sie uns mit ihrem Magenknurren deutlich spüren. Meist erliegen wir den Heißhungerattacken im Laufe des Tages. Sie sind mächtige Überlebensstrategien und ein Ignorieren zieht oft sogar Übelkeit nach sich.

Alles, was nun in den heruntergefahrenen Stoffwechsel mit Heißhunger gegessen wird, landet garantiert in den Fettzellen. Du wirst zunehmen, nur weil du nicht gegessen hast. Paradox? Nein, eigentlich nur logisch.
Jeder halbwegs vernünftige Ernährungsplan bezieht ein gutes Frühstück mit ein. Leider begründen die Fachmenschen diesen Ratschlag nur recht selten und der Abnehmwillige wird weiterhin versuchen, zusätzliche Kalorien durch Nichtfrühstücken zu sparen.
Morgens ist ein Essensverzicht zudem noch einfach, denn nach dem Aufstehen drängt die Zeit und Hunger spürt man sowieso nicht.

Das Abschaffen des Hungergefühls aber resultiert aus *deiner* Angewohnheit, eben regelmäßig nicht zu frühstücken. Ist also schlicht und ergreifend eine Reaktion deines Anpassungstalentes Körper. Warum sollte er dich unnötig quälen? Es gibt nichts, das hast du ihm oft genug bewiesen. Der Körper reagiert nur und das in deinem Interesse, und niemals gegen dich. Dass dir das Fett in den Zellen nicht gefällt, es unserer (falschen) Schönheitsnorm nicht entspricht, spielt dabei keine Rolle. In beiden Auftrags-Koffern liegt obenauf das Überleben. Und überleben kann man nur *mit* Essen.
Isst du zu wenig, dann wird Mutter Natur eben Energie *für dich* einlagern.

„Alles, was nun in den heruntergefahrenen Stoffwechsel mit Heißhunger gegessen wird, landet garantiert in den Fettzellen!"

Um die Frage vorwegzunehmen. Auch viele schlanke Menschen frühstücken nicht. Davon alleine wird man sicher nicht dick, da müssen noch viele andere Faktoren zusammenkommen.
Aber, wer abnehmen möchte, dies durch Nahrungsmangel versucht, wird niemals dauerhaft schlank werden.

Das Frühstück hat deshalb Prioritätsstufe Nummer eins!

Wenn ich eine Top-Ten-Liste erstellen müsste, welche Argumente gegen das Frühstücken, also gegen essen gebracht werden, dann wäre das die Reihenfolge der ersten Hälfte:

1. Ich bekomme morgens nichts runter
2. da wird mir schlecht
3. ich muss kotzen
4. ich bin Schichtarbeiter und habe einen anderen Rhythmus
5. keine Zeit

Tatsächlich aber sind dies keine wirklichen Argumente, nichts zu essen! Zehn Minuten früher aufzustehen ist kein Beinbruch und für dein Ziel kein Stolperstein. Ein Schichtarbeiter frühstückt, wenn er aufwacht, egal um wie viel Uhr das ist.

„Morgens, innerhalb der ersten halben Stunde nach dem Aufstehen entscheidet Mutter Natur: Gute Zeiten oder schlechte Zeiten."

Genauso unwichtig wie der Zeiger der Waage ist hier der Zeiger der Uhr. Irgendjemand hat einmal in einer Rezension geschrieben: *Frau Bredow bringt eine ganze Nation zum Frühstücken.* Das ist sicher übertrieben und noch ein Traum, aber alle, wirklich alle Teilnehmer meiner Gruppen haben das Frühstück fest in ihren Tagesplan aufgenommen und nie wieder aufgegeben.

Fange mit einem kleinen Frühstück an, iss immer mehr und du wirst sehen, dein Körper stellt sich bald um und du hast morgens wieder Hunger.
Zur Not mach es, wie im obigen Artikel von Professor Alfred Gebert beschrieben, und lass das Abendessen einmal ausfallen.
Denn: Morgens, innerhalb der ersten halben Stunde nach dem Aufstehen entscheidet Mutter Natur: ***gute Zeiten*** oder ***schlechte Zeiten***.
Bekommt der Motor sein Benzin, wird auf Verbrauch geschaltet. Der Magen beginnt das Frühstück zu verdauen, der Stoffwechsel läuft und Mama erkennt sofort: *Aha, gute Zeiten, brauch heut' nicht auf Einlagern zu schalten.* Die Waage steht im Keller, die Laune ist gut und den ganzen Tag sind gute Zeiten angesagt.

Wer nicht frühstückt, hat also keinesfalls „Kalorien" gespart, sondern seinen Körper buchstäblich dazu gezwungen, dick zu bleiben!

Nehmen wir einmal an, der Körper wäre wirklich ein Motor.

Die Entwicklung dieser Maschine dauerte viele hunderttausend Jahre und die Erfinder haben in dieser Zeit immer wieder Verbesserungen vorgenommen. Sie haben ihn ständig den Gegebenheiten angepasst und laufend optimiert. (...)

(...) Der Motor erhielt eine Karosserie und ging in vielen Modellen und Farben in Serie. Damit der Motor laufen kann und auf Umdrehungen kommt, braucht er Energie: Benzin.

Da Sprit in all den Jahren aber immer mal wieder sehr knapp wurde, es tage- oder sogar wochen- und monatelang sehr wenig davon gab, haben sich die Tüftler etwas sehr Cleveres ausgedacht.

In seine Karosserie bauten sie Reservetanks ein. Bei Bedarf wurden die Tanks automatisch gefüllt und sie hatten zudem die unglaubliche Fähigkeit, sich selbstständig zu vermehren, wenn sie voll waren.
Brachen wieder einmal schlechte Zeiten an und die Uhren waren auf Mangel gestellt, dann wurde jeder Tropfen eisern gehortet, der zu bekommen war. Der laufende Verbrauch wurde drastisch gedrosselt.

Dass dies dringend notwendig war, bemerkte der reagierende Motor, wenn es schon morgens keine Tankfüllung gab. Sofort standen alle Zeichen auf Alarm und er reagierte unverzüglich mit der Umprogrammierung auf Halbgas. Bekam er dann den Tag über „unerwartet" doch noch eine Füllung, so wurde sie sofort in die Reserve geschleust...

Sparen hatte allerhöchste Priorität.

Wenn die Zeiten gut waren, das Benzin billig und im Überfluss vorhanden, und wenn der Tank schon morgens gefüllt wurde, dann waren Einlagern und Sparen nicht nötig. Der Motor lief und schnurrte den ganzen Tag, verbrauchte gleichmäßig und großzügig seinen Brennstoff und blieb immer auf Umdrehungen.

(aus: Warum essen nicht dick macht)

Einen „heruntergefahrenen" Motor schaltet man den ganzen Tag nicht mehr ein. Die Entscheidung fällt am Morgen, nach dem Aufstehen.

Ich empfehle Müsli. Nicht weil es gesund ist, sondern weil es lange satt macht und der Körper sehr viel Energie verbraucht, um die unverdaulichen Körner klein zu bekommen. Wie sagte schon ein schlauer Mensch[2)]:

Es kann doch nicht sein, dass der Mensch Jahrtausende gebraucht hat, um Körner essbar zu machen, indem er sie mahlt, und wir gehen jetzt in der Entwicklung wieder rückwärts, nur weil irgendwann einmal irgendjemand behauptet hat, Müsli wäre gesund. Es gibt keine Studien, die dies beweisen.

Egal, wir nehmen es trotzdem. Wenn du kein Müsli magst, dann lass auf jeden Fall deine Finger davon und frühstücke, was dir schmeckt. Nur einen Apfel oder anderes Obst zu essen ist zu wenig, für deinen Körper kein energiereiches Benzin. Vielleicht isst du gerne Körnerbrot oder Brötchen? Was sich darauf befindet, überlasse ich dir. Ich bin ein Süß-Frühstücker, andere mögen es lieber herzhaft. Eines jedoch ist sicher. Was dir schmeckt, das braucht dein Körper.

Der Appetit wurde nur zu einem Zweck von Mutter Natur erfunden. Dem Organismus dringend benötigte Stoffe zuzuführen, die er für seine Balance braucht. Du kennst sicher den Jieper auf Spinat, Salat, Salziges, Scharfes oder Süßes. Das Verlangen ist niemals unbegründet. Die Marmelade auf dem Brot erhöht die ***Serotonin***produktion, und die wiederum hebt die morgendliche, meist schlechte Laune. Kaffee hat übrigens denselben Effekt.

Serotonin
gilt als „Glückshormon", ist am Wach-Schlaf-Rhythmus, der Schmerzunterdrückung sowie an der Regulation des Blutdrucks und der Körpertemparatur beteiligt. Wegen seiner stimmungsaufhellenden Eigenschaften wird es auch als Antidepressivum eingesetzt.

„Kleine Kinder essen ihre Popel, weil sich darin Stoffe für das Wachstum befinden."

Am Nachmittag sinkt der Serotoninspiegel wieder. Deshalb gibt es in unseren Breiten auch die Nachmittags-Kaffee- und Kuchenstunde.
Kleine Kinder essen ihren Popel, weil sich darin Stoffe für das Wachstum befinden. Igitt, Erwachsene schütteln sich bei dem Gedanken, aber als Kinder haben wir es alle getan.
Auch Ekel ist nie unbegründet. Schon mal einen über den Durst gekippt und den kompletten Kneipenabend zu Hause auf dem Klo rückwärts getrunken? Oft können wir Speisen oder Getränke, die von Mutter Natur auf umgekehrtem Weg aus dem Körper entfernt wurden, lange nicht mehr „sehen". Bei Kindern ist dieser Mechanismus noch wesentlich stärker ausgeprägt. In der Kindheit erbrochene Speisen erwirken oft eine lebenslange Abneigung. Meinem 22 jährigen Sohn geht das mit Rotkohl so, den er im Alter von drei Jahren im Kinderhort wieder von sich gegeben hat. Bis heute ekelt er sich davor.
Der Organismus erkennt diese Nahrung als „giftig" und versucht mit dem Ekelgefühl, das (wieder)Essen zu vermeiden. Sehr clever.[3)]

Iss, was dir schmeckt, und nicht nur morgens.

Gute Lebensmittel - böse Lebensmittel?

In letzter Zeit wird es immer mehr zur Manie, Lebensmittel in gut und böse einzuteilen. Abnehmen kann nur der, der die „schwarzen" Listen kennt und sich strikt daran hält.
Fleisch und Fett sind jetzt die Guten, manches Obst, Kohlenhydrate und Zucker die ganz furchtbar Bösen.
Wurde noch vor kurzem Fleisch und Sahne vehement vom Teller verbannt, so sind sie jetzt willkommen und stattdessen die Nudeln, Brot und Kartoffeln dran.
Wieder einmal hat ein schlauer Mensch im weißen Kittel die biochemischen Vorgänge im Körper untersucht und festgestellt, dass das Hormon ***Insulin***, das beim Verspeisen von Kohlenhydraten ins Blut geschüttet wird, die Fettzellen auf Einlagern schalten. So weit, so wahr.
Wer nun keine Kartoffeln, Nudeln, Brot usw. mehr zu sich nimmt, der wird schlanker werden. Das Austricksen der Biochemie mag ja durchaus funktionieren, aber hält man diese Methode ein Leben lang durch?
Bei all dem Nahrungsangebot, den Verführungen und Versuchungen um uns herum!

In den meisten Fällen (die ich kenne) schreit der Kopf - Verzicht - und Mutter Natur löst im selben Atemzug die Gier auf alles Verbotene aus. Wird nun das Diät-Handtuch geworfen, folgen die Versagensgefühle und der Frust.

Insulin
ist das blutzuckersenkende Hormon. Sein Bildungsort ist die Bauchspeicheldrüse. Regt den Transport in das Zellinnere an, hemmt den Fettabbau.

Diese Empfindungen sind im Zusammenhang mit Essen schon schlimm genug.
Mit dem Wunsch abzunehmen die Eintrittkarten in den ewigen Teufelskreis.

„Mutter Natur löst im selben Atemzug die Gier auf alles Verbotene aus."

Ich behaupte nun, dass niemand nur davon dick wird, ***WAS*** er isst, sondern vielmehr davon ***WANN***, ***WIE*** und ***WIEVIEL***, und ***WANN ER EBEN NICHT ISST.***

Der Organismus hat sich immer dem Nahrungsangebot seiner Umgebung angepasst. Was um uns herum wächst, das können wir essen und verwerten. Wir entwickeln uns, gedeihen und (über)leben prächtig. Bis jetzt jedenfalls. Eskimos verzehren fast ausschließlich rohen Fisch und rohes Fleisch. Die Massai in Afrika decken den größten Teil ihres Nahrungsbedarfs über Milch und Rinderblut.

In der Evolution ist die Fähigkeit der schnellen, kurzfristigen Anpassung, nicht nur an das Nahrungsangebot, sondern auch an ein anderes Klima, überlebenswichtig. Hellhäutige Europäer werden in der aggressiven tropischen Sonne braun. Völker, die seit Jahrtausenden in den Tropen leben, sind es längst.

Kommen Tieflandbewohner ins Hochgebirge, brauchen sie eine Weile, um Atmung und Stoffwechsel der dünnen Luft anzupassen.

Der Stoffwechsel von Hochlandvölkern ist genetisch bereits an das Leben im Hochgebirge angepasst.

Bei uns „wächst“ inzwischen alles. Dank des Fortschritts, der großen Schiffe, Flugzeuge und dem lästigen Schwerverkehr auf den Autobahnen können wir aus dem Vollen schöpfen. Der Organismus jubelt und hat sich darauf eingestellt. Wie sonst ist es zu erklären, dass wir eine immer höhere Lebenserwartung haben?!

„Menschen mit einem *Zuviel* an Gewicht essen im Schnitt wesentlich gesünder als schlanke Menschen.“

Einige Diäten plädieren dafür, im Nahrungsverhalten zurück in die Steinzeit zu gehen. Damals sei Fleisch die größte Nahrungsquelle gewesen und Kohlenhydrate würden deshalb vom Menschen bis heute nicht vertragen, machen dick und fett.

Wenn das wirklich so wäre, dann hätte die Evolution zum ersten Mal auf der ganzen Linie versagt und wir wären schon lange ausgestorben.

Deshalb: Iss, was dir schmeckt. Ich weiß aus meinen persönlichen Untersuchungen, dass Menschen mit einem „Zuviel“ an Gewicht im Schnitt **wesentlich gesünder essen als Schlanke.**

McDonald verdient nicht mit den Dicken das viele Geld, davon bin ich überzeugt. Da verdienen die Ökoläden und Reformhäuser wesentlich besser.
Nirgends auf dieser Welt wurden pro Einwohner so viel Lightprodukte verkauft und gegessen wie in Amerika. Chips light, Eiscreme light, Käse light, alles light. Und nirgends sind so viele Menschen dick und dicker geworden. Das sollte doch zu denken geben und hat auch schon zum Nachdenken gebracht. Leider hat den Lightprodukte-Wahn nun die Low Carb-Hysterie abgelöst.

„Ich bin überzeugt davon, dass wir viel weniger Übergewichtige hätten, wenn die Menschen endlich essen dürften, wonach ihnen ist."

Es bleibt abzuwarten, wann der Ruf *„Finger weg von Lightprodukten"* vom Ruf *"Finger weg von Low Carb-Produkten"* abgelöst wird.

Experimente mit Kindern haben schon vor langer Zeit bewiesen: Der Mensch isst *instinktiv* genau nach den Bedürfnissen seines Organismus, wenn man ihn nur endlich lassen würde. [3)]
Mir wurde ernsthaft vorgeworfen, sehr gefährlich zu handeln, weil ich Übergewichtigen das Essen „erlaube", und das auch noch ohne Einschränkungen. Da packt mich die nackte Wut. Entweder glauben diese Kritiker tatsächlich, Dicke essen ausschließlich Chips und Pommes, trinken literweise Coca Cola und baden in Mayonnaise, oder sie

tun dies selbst und kommen mit der Eigenverantwortung nicht klar, die sie in meinen Büchern erkennen.
Ich habe lange genug an der Front gearbeitet, um mit gutem Gewissen sagen zu können, dass die meisten dicken Menschen keinesfalls ungesünder essen als Schlanke. Sicher gibt es auch hier die zügellosen „Vielesser", aber die wissen, warum sie nicht abnehmen.
Ich bin überzeugt davon, dass wir viel weniger Übergewichtige hätten, wenn die Menschen endlich essen dürften, wonach ihnen ist. Stattdessen werden sie mit Nahrungslisten und Vorschriften gegängelt. Die Signale, die der Körper sendet, um an seine, völlig individuelle Nährstoffe zu kommen, werden von der Ernährungswissenschaft übertönt. Was bei dem einen funktioniert, muss bei dem anderen Abnehmwilligen auch erfolgreich sein. Ein großer Irrtum.

Beispiel:
In Italien sind die Menschen schlanker. Sie erkranken weniger an Krebs und Infarkten. Die Wissenschaft meinte sofort, das könnte am Olivenöl und den vielen Tomaten liegen. Also *muss* nun die Mittelmeerdiät für alle her. Das Öl wurde ganz schnell heilig gesprochen. Inzwischen gibt es längst Untersuchungen, die beweisen, dass Olivenöl eben nicht vor Krankheiten schützt oder sonst ein Wundermittel ist. Aber die liebe Industrie verkauft doch ach so gut.
Dass die Südländer weniger Krebs und Herzinfarkte bekommen, liegt vielmehr an deren Lebensstil, ihrer größeren Gelassenheit und der Sonne.
Atkins bringt Milliardengewinne, weil ein Kardiologe seine kranken Patienten auf eiweißreiche Ernährung

gesetzt hat. Die Patienten nahmen ab. Also muss das nun jeder machen. (Wenn man krank ist, nimmt man übrigens meistens ab)

Dann wurde dem Menschen die Kohlenhydrat-Verträglichkeit abgesprochen (LOGI), weil Leute, die darauf verzichteten, abnahmen. Übrigens genau wie die Leute, die früher fettarm gegessen haben.

Ja, und warum essen schlanke Menschen alles, ohne Einschränkung, und nehmen dennoch kein Gramm zu? Weil die Sache viel einfacher ist.
Deren Körper hat das Einlagern nie gelernt. Insulin und Eiweiß hin, Kohlenhydrate und fettarm her.

Der Organismus weiß schlicht und ergreifend, dass er nicht einzulagern braucht. Kein Bedarf, genug zu essen, keine Ängste im Spiel, keine Heißhunger- und Fressattacken. Diät-Informationen und Nahrungsvorschriften interessieren nicht, die Signale des Körpers werden ganz selbstverständlich und unbewusst beachtet. Überschüssiges wird in Wärme umgewandelt und einfach wieder abgegeben.

Während Weißkittel noch immer nach der großen Lösung suchen ...

Iss, was du magst, iss bewusst und wonach es dir verlangt, aber iss. Wenn du deinen Motor morgens auf Trab bringst, dann solltest du ihn den Tag über auf keinen Fall verhungern lassen. Sonst schaltet Mutter Natur ihn wieder auf Halbgas und fängt erneut an, *für dich* zu sparen.

Es sollte sich nun immer ein Snack in deiner Tasche, der Schreibtischschublade, dem Handschuhfach oder sonst wo befinden. Iss, bevor der Heißhunger kommt. Beiß herzhaft in ein Brot, genieße einen Riegel, knabbere an Obst und nimm…

… die Verantwortung in deine Hände!

Bis dato hast du die Verantwortung vielleicht, wie so viele Abnehmwillige, an Kalorientabellen, Nahrungslisten, Rezepte und Pülverchen abgegeben. Es wird Zeit, dass sie wieder dahin zurückkommt, wo sie hingehört. Zu dir und deinem Körper!

Fachleute untersuchen unter anderem auch deshalb rein biochemisch und pauschalisieren die Ergebnisse, weil sie furchtbar gerne einen lukrativen Traum der Dicken erfüllen würden: die Abnehmpille.

Damit ließe sich, ähnlich wie mit Viagra, ein riesiges, nicht auszumalendes, lukratives Geschäft machen.

Die Wunderpille: Abends einnehmen und morgens erschlankt aufwachen. Essen und schlemmen, so viel man möchte, und niemals wieder kneifende Hosen. Momentan ist das Mittel noch nicht in Sicht, deshalb wird der Pillentraum noch sehr lange ein Traum bleiben.
Wenn ich sage, die Verantwortung in die eigene Hände nehmen, so beinhaltet dies einen sehr wichtigen Punkt:

Du musst wieder lernen, deinen Körper zu spüren. Wann bin ich eigentlich satt, wann esse ich nur deshalb weiter, weil meine Eltern immer sagten, der Teller müsse leer sein.

Oder du isst, weil die Natur es eben clever gemeint hat, als sie Nahrungsaufnahme mit sehr angenehmen Gefühlen ausgestattet hat.
Noch viel schlimmer ist es, wenn du deshalb weiterisst, weil du das Gefühl hast, etwas *Verbotenes* zu tun, und nächste Woche / nächsten Monat erneut eine Diät ansteht.

„Ab jetzt darfst du alles essen. Keine Einschränkungen mehr, kein Kalorienzählen und auf dem Packungsboden nach den Fettprozenten schauen."

Ab jetzt darfst du alles essen. Keine Einschränkungen mehr. Kein Kalorienzählen und auf den Packungsboden nach den Fettprozenten Schauen. Genau so isst ein schlanker Mensch. Der „Reiz des Verbotenen" ist ihm unbekannt, deshalb würde er auch kein Stück Torte essen, wenn er gerade keinen Hunger darauf hat. Torte ist erlaubt, Schokolade ist erlaubt, Sahne in der Soße ist erlaubt. Alles ist erlaubt. Wenn du es schaffst, Verbote aus deinem Gehirn zu verbannen, dann wird dein Körper auch nicht mehr danach verlangen. Die Kirschen in Nachbars Garten sind doch nur deshalb interessanter und wohlschmeckender als die vom eigenen Baum, weil es eben verboten ist, sie zu mopsen.
Verbiete dir nichts mehr. Im Haushalt von schlanken Menschen liegen immer und überall die Süßigkeiten greifbar. Deren Kinder finden Süßes zwar auch sehr lecker, aber bei weitem nicht so hochinteressant.

Dicke Eltern, die vor lauter Panik allen Süßkram vor den Kindern verstecken, erziehen sie auf diese Art versehentlich zu Zucker-Junkies.
Iss, was dir schmeckt. Essen macht nicht dick, nur viel zu viel Essen lagert der diätgewohnte und hungergebeutelte Körper ein.

Du bekommst nun die Verantwortung, nicht mehr zu essen, als dein Körper braucht. Wann er genug hat, signalisiert er dir ganz deutlich schon während des Essens. Es bedarf ein wenig Übung, um das Gefühl für die richtige Menge wieder zu finden. Lass dir Zeit, die hast du nämlich. Die Pfunde kamen nicht von heute auf morgen und sie müssen nicht von heute auf morgen abgegeben werden. Genieße dein Essen und spüre, wie sich der Bauch füllt und dir ein angenehmes Sättigungsgefühl signalisiert. Schieb den Teller zur Seite, egal ob sich noch etwas darauf befindet oder nicht. Es war lecker, Danke!
Falls du den Rest nicht wegwerfen möchtest, dann stell ihn in den Kühlschrank und iss am Abend oder am nächsten Tag weiter. Essen macht nicht dick, nur das Zuviel lagert der Körper dankbar ein. Er legt nun mal gerne etwas für schlechte Zeiten zurück.
Du spürst dieses Sättigungsgefühl nicht? Das kann man lernen. Dazu muss man aber erst die Angst vor Kalorien verlieren. Diese Angst kennen Schlanke nicht und wahrscheinlich ist das ein Teil ihres „Geheimnisses".
Wenn die Superschlanken zu viel essen, und das tun sie selbstverständlich auch ab und an, dann kann der Organismus das Zuviel einfach in Wärme umwandeln und verpuffen lassen. Warum sollte er es denn einlagern?

... und jedem Gesundheits- und Kalorienfetischisten würde es die Nackenhaare sträuben, würde er/sie sich in meinen Schränken umsehen.

Was würden sie denn nicht finden:
Süßstoff, Halbfettbutter oder Viertelfett-Margarine (gibt es das überhaupt?), du-darfst-Produkte (Was darf ich - essen? Ich muss sogar essen!) Coca Cola, O-Saft, Schokolade - dies alles in „Light" - Knäckebrot, Not-Gummibärchen und Reiscrispies.

Überhaupt, das Wort Diät steht auf keiner einzigen Packung, es sei denn, ich hätte mich beim Einkaufen versehentlich im Regal vergriffen.

Und was finden sie in meinen Schränken? Nudeln, Wurst, Fleisch, Milka-Vollmilch-, Kinderschokolade, Chips, Butter, Margarine, Eis, Körnerbrot, Toastbrot, Orangen- und Apfelsaft. Cola mag ich nur eiskalt im Hochsommer und nur zu Pasta - keine Ahnung, warum. Gemüse und Salat, Konserven und Frisches.

Was ich damit sagen will: Natreen & Co machen nicht schlank, Chips & Co nicht dick. Die Einstellung zum Essen muss stimmen und ihr seid auf dem Weg, wie ein natürlich schlanker Mensch zu essen. Deshalb bitte nicht mehr auf den Packungsboden schauen, wie viele Kalorien welches Lebensmittel hat.
Ist pillepalle, wenn man weiß, wie die Kalorienangaben auf die Packung kommen, rein messmethodisch und rechnerisch. Die Menge macht es, doch nicht die Inhaltsstoffe.

Der permanente Verzicht auf Chips macht sekundär sicherlich dicker, als sie sich ab und an zu „gönnen" und nicht darüber nachzudenken. Sie als selbstverständlich zu betrachten, nimmt den Reiz des Verbotenen.

Ihr seid auf dem Weg, schlank zu werden, genauso schlank, wie viele andere es sind.

Die „unnatürlich Dünnen", die vor lauter Angst ihr Leben lang nur Salatblätter knabbern und die Lightprodukte-Industrie reich machen, die sind unter ihrer Haut tatsächlich dick.

Du bist, was du isst... dieser Spruch ist so wahr - und verhält sich nur genau umgekehrt, wie alle denken!

Es sollte heißen: „Du bist, wie du isst..."!

(Beitrag aus deer Online-Gruppe)

„Schade, denn tatsächlich kann man den Kalorienverbrauch zur Aufrechterhaltung der Lebensfunktionen eines Menschen gar nicht messen."

Hast du bisher beim Einkauf immer auf die Kalorienangabe geschaut?
Schade, denn tatsächlich kann man den Kalorienverbrauch zur Aufrechterhaltung der Lebensfunktionen eines Menschen gar nicht messen. Genauso wenig lässt sich feststellen, wie viele von den kleinen Angstmachern bei einem üppigen Mahl tatsächlich in den Zellen landen.
In meinen Info-Abenden stelle ich den Interessenten stets die gleiche Frage: „Wissen Sie, wie viele Kalorien ein Stück Torte hat?"

Die meisten sind bestens informiert. Frage ich danach, wie denn festgestellt wird, wie viele Kalorien sich in dieser Leckerei befinden, dann kann mir das *fast nie* jemand beantworten.

Kalorien, die Angstmacher einer ganzen Nation. Sie beherrschen die Gedanken beim vorzüglichsten Essen, verderben die Freude am Grillabend und diktieren den Einkauf und Speiseplan.
Wie stellt man denn nun die Kalorienmenge in einem Stück Torte fest? Mit dem...

Bombenkalorimeter[4)]

Ein Stück Torte wird unter starkem Druck in einem geschlossenen Gerät namens Bombenkalorimeter mittels eines glühenden Drahts verbrannt. Die Wärmeenergie, die dabei freigesetzt wird, nennt man den *physikalischen* Brennwert. Er wird in Kalorien oder Joule berechnet. Nun wird ein Stück Torte derselben Zusammensetzung von einem Menschen gegessen und verdaut. Man wartet, bis er/sie mal dringend muss. Das, was in die Kloschüssel plumpst, wird herausgefischt und abermals im Bombenkalorimeter verbrannt.

Die Differenz aus dem nun freigesetzten, physiologischen Brennwert wird auf die Lebensmittelpackungen geschrieben, sind also die *anscheinend* aufgenommenen und im Körper verbliebenen Kalorien.

Nicht berechnet wird dabei:

- Die ausgeschiedenen Darmmikroben
- Der Darmabrieb
- Dass der Mensch gar keinen inneren Ofen hat, in dem tatsächlich etwas verbrannt wird
- Die individuelle Menge an Energie, die der Körper verbraucht, um zu überleben.

Pro Tag und Mensch kann das aber ein Unterschied von 1000 „Kalorien" und mehr sein. Bei gleicher Größe, selbem Gewicht und identischem Beruf.

Fazit: Kalorienzählen bringt nichts! Dicke essen unter anderem deshalb zu wenig, weil sie ständig Angst vor Kalorien haben. Kalorien aber werden von Mensch zu Mensch unterschiedlich gespeichert, von manchen, den natürlich Schlanken, überhaupt nicht.

In Fachbüchern[6)] wird hierfür das braune Fettgewebe beschrieben. Es befindet sich unter den Achseln und in der Nähe aller großen Gefäße. In diesem Fettgewebe werden überschüssig gegessene Kalorien in Wärme umgewandelt und über Körperwärme einfach verpufft. Lange Zeit glaubte man wohl, Erwachsene würden dieses Gewebe nicht mehr besitzen.

Das aber ist widerlegt.[5)]

Kennst du nicht auch jemanden, der den ganzen Tag futtert und trotzdem superschlank ist? Fass ihn bei Gelegenheit einmal an, er ist immer warm.

Er gehört zu den Glückspilzen, die immer *gute Zeiten* signalisieren. Der Körper hat das Einlagern schlichtweg nie gelernt!

Kalorien machen Angst. Wer sich Angst machen lässt, hat Stress und lagert Energie ein! Kalorien*zählen* macht am Ende dick!

Die Kalorienabgaben auf den Lebensmittelpackungen haben sich in all den Jahren ihres Zählens immer mal wieder verändert. Wer es nicht glaubt, sollte einmal in alten Tabellen aus den 70ern nachschauen.

Du bist, wie du isst!

Nimm die Verantwortung in deine Hände und verlasse dich weder auf Zahlen noch auf Mengenangaben.
Ein sehr wichtiger Punkt, sich an das Sättigungsgefühl heranzutasten, ist das langsame Essen.

Genieße dein Essen, iss mit Ruhe und freu dich, dass Mutter Natur Nahrungsaufnahme mit einem so angenehmen Geschmackerlebnis ausgestattet hat (meistens jedenfalls).

„Essen ist nichts Verbotenes, ...

Mach dir bitte keine negativen Gedanken mehr. Essen ist nichts Verbotenes, schon deshalb brauchst du auch nicht zu schlingen. Essen ist überlebenswichtig. Darum nennt man Dinge, die man essen kann auch LEBENS-MITTEL.
Wir haben heute in der Regel genug zu essen. Es sitzt auch sicher niemand mit am Tisch, der dir dein Mahl streitig machen will. Nimm dir also Zeit. Essen ist Leben, Gesellschaft und Ritus. Essen ist selbstverständlich!

Wenn du isst, dann tu nebenher nichts anderes. Kein spannendes Buch, keine Tageszeitung, kein Fernsehen und keine Illustrierte. Nichts sollte dich ab heute von deinem Geschmackserlebnis ablenken.

Das macht tiefen Sinn, denn das, was Kinder und natürlich schlanke Menschen ganz automatisch spüren, musst du erst wieder fühlen lernen.
Wann bin ich satt, wann hat mein Körper genug Energie bekommen und wann höre ich auf zu essen, um den Überschuss nicht einzulagern. Lesen und Fernsehen lenken vom Körpergefühl ab.
So kannst du dich nicht richtig spüren, nicht in deinen Bauch fühlen.

Und es gibt noch einen anderen, sehr wichtigen Aspekt.
Das europäische Lebensmittelinstitut hat einen Bericht im E.U.L.E.N Spiegel. (8) darüber veröffentlicht, dass Kinder, die vor dem Fernseher Chips essen, eventuell nicht von den Chips dick werden, sondern von dem Hormonspiegel, der sich in ihrem Blut befindet.

... Essen ist selbstverständlich!"

Cortisol
ist ein Stresshormon. Baut Körpersubstanz ab und stellt dadurch rasch Energie bereit. Wirkt entzündungshemmend und wird als Cortison bei rheumatischen Erkrankungen eingesetzt. Erhöht den Blutzuckerspiegel.

Während sich der Nachwuchs vornehmlich Gewalt- und Psychofilme anschaut, steht der Körper unter purem Stress. Das Unterbewusstsein nimmt die Ereignisse in der Glotze oder von der Leinwand nämlich für bare Münze. Selbst wir Erwachsene fallen darauf herein. Bei Liebesschnulzen brechen wir in Tränen aus und bei einem Horrorfilm erschrecken wir zu Tode und es überkommt uns die nackte Angst.

Ein Stresshormon, das jetzt unter anderem ausgeschüttet wird, ist das ***Cortisol***.

Cortisol kennt fast jeder unter dem Namen des Medikamentes Kortison. Kortison ist nichts anderes als künstlich hergestelltes Cortisol. Dieses Medikament wirkt unter anderem entzündungshemmend. Aber, das wissen alle, die in ihrem Bekannten- oder Verwandtenkreis jemanden kennen, der Kortison nehmen muss, dieses Medikament macht dick.

Cortisol, um es mit meinen Worten zu sagen, ist das zuständige Hormon für schlechte Zeiten.
Während des Filmschauens oder des Gewalt- und Horrorvideospiels haben die Kids einen Stress-Hormonspiegel im Blut, wie er in diesen Mengen während einer realen, lebensbedrohlichen Situation ausgeschüttet wird. *Schlechte Zeiten*, der gebeutelte Kinderkörper schaltet auf Chipseinlagern.

In Amerika gibt es schon lange Medikamente, die den Cortisolspiegel im Blut senken, um eine Abnahme zu beschleunigen. Wie immer, wenn es etwas zu verdienen gibt, wird weder Aufklärung betrieben geschweige denn die Ursachen berücksichtigt. Stattdessen lediglich gewinnbringend an den Auswirkungen „herumgedoktert".

Stress macht dick und negativer Stress beim Essen macht doppelt dick. Dünne Menschen haben zwar auch ihren Stress, aber wenigstens keinen, der durch die Angst vor Essen ausgelöst wird.
Sie machen sich keine Gedanken, keinen Frust, kennen keine Fressattacken.

Sie genießen ihr Essen, kommen auch nicht auf die Idee, sich den dritten Teller zu holen, weil es so gut schmeckt. Warum auch, Essen ist weder etwas Verbotenes, noch etwas Seltenes und schon gar nicht etwas, was sie morgen nicht wieder tun können. Essen ist lecker und wichtig, aber keinesfalls der Mittelpunkt des Lebens.

Du musst lernen, genau dieses relaxte Gefühl beim Essen zu entwickeln. Darum, iss langsam, genieße, konzentriere dich auf deinen Teller, auf die Zunge und den Gaumen und freue dich, dass es dir so lecker schmeckt.
Verschwende keine Gedanken an Kalorien, sondern höre auf deinen Bauch. Sorge dafür, dass sich keine Stresshormone in deinem Blut befinden. Meckert der Tischnachbar in der Kantine, bespricht geschäftliche Probleme und verdirbt dir den Appetit? Dann nimm deinen Teller und wechsle den Tisch.

„Grinse dein Essen an! Entwickle ganz bewusst gute Laune und setz dich dann erst an den Teller!"

Huber Rattin[10)], ein Ernährungsguru aus Österreich, geht sogar noch weiter. Er sagt ganz frech: *„Grinse dein Essen an! Entwickle ganz bewusst gute Laune und setz dich dann erst an den Teller."*

Grinsen bewegt die Mundwinkel nach oben. Beim Berühren der Wangenknochen schüttet der Körper Endorphine ins Blut. Glücklichmacher, die jeder kennt und jeder schon gespürt hat.

Diese Endorphine sind, um es wieder mit meinen Worten zu beschreiben, die zuständigen Hormone, die Mutter Natur signalisieren: *Gute Zeiten!*
Und in guten Zeiten hat sie keine Veranlassung, Energie in ihren Zellen zu horten.
Übrigens, der Körper kann zwischen einem echten und einem falschen Grinsen offensichtlich nicht unterscheiden. Grinsen lohnt sich also immer.

„Du hast dir so viele Lieblingsspeisen verkniffen? Schluss damit! Nicht das WAS macht dick, sondern das WIE, das WANN und das WIE VIEL."

Wenn du aufhören kannst, bevor dein Magen vor Überdehnung ziept, dir die Augenlider bleischwer zufallen und sich eher Unwohlsein als Wohlsein breit macht, dann kannst du sicher sein, dass sich nichts in deinen Zellen wieder finden wird. Überdenke aber deine gewohnte Portion. Würdest du dir nämlich ein paar Mal die Mühe machen, die gewohnte Menge Spaghetti, die du dir auf den Teller schöpfst, zu zählen, so wäre es immer annähernd die gleiche Anzahl.
Die Menge ist also Gewohnheitssache. Versuche es einfach einmal mit etwas weniger.
Lausche in dich hinein, während du genießt. Reicht es? Habe ich wirklich noch Hunger?

Wenn ja, dann schöpfe ohne schlechtes Gewissen nach. Hast du Bedenken, den bisher gewohnten zweiten Teller zu vermissen? Kein Problem! Nimm einen kleineren Teller, dann kannst du dir noch einmal nachholen.

Stehst du jetzt vom Tisch auf, dann bist du nicht müde und erschlagen, sondern leistungsfähig und fit. Nur wer viel zu viel gegessen hat, wird träge. Stell dir vor, dein Auto würde nach dem Tanken nicht mehr richtig fahren. Du würdest es sicher nicht akzeptieren, sondern in die Werkstatt bringen.
Wenn du weniger als die gewohnte Menge isst, trotzdem satt und zufrieden bist, erhältst du eine tolle Reaktion deines Magens. Er zieht sich mehr und mehr zusammen. Sein Volumen verkleinert sich und das Sättigungsgefühl tritt immer früher ein.

Halte deinen Motor den ganzen Tag auf Touren. Wie? Mit Essen natürlich! Pack dir immer etwas ein, genieße dein Essen, und wenn du die Hauptmahlzeiten zu dir nimmst, dann tu bitte nichts anderes nebenbei. Gib dich dem Genuss hin, fühle auf der Zunge, wie es schmeckt, iss langsam und achte auf dein Sättigungsgefühl. So macht Essen wirklich Spaß.
Du hast dir so viele Lieblingsspeisen verkniffen? Schluss damit! Nicht das **WAS** macht dick, sondern das **WIE**, **WANN** und **WIE VIEL**.

Eine Studie wollte herausfinden, worin das große Geheimnis der Franzosen besteht, die im Schnitt wesentlich schlanker sind als die Amerikaner.

Und das, obwohl sie sehr viel Fett essen und aus ernährungswissenschaftlicher Sicht sämtliche Todsünden dieser Welt begehen: Zum Fleisch die Sahnesoßen und den guten Rotwein, nach dem Dessert den leckeren Käse, dazu das Weißbrot; und dieses Schmausen betreiben sie auch noch genussvoll bis in die späte Nacht.

Bald stellten die Forscher fest, dass es am *WAS* wohl nicht liegen konnte. Also bestellten sie ein Gericht in Paris, wogen es und flogen eiligst nach New York. Dort bestellten sie in einem Restaurant genau das gleiche Essen. Und siehe da, die Portion auf dem amerikanischen Teller war **mehr als doppelt so groß** wie die im französischen Lokal.
In Amerika versuchen die Fastfoodketten ihre Kunden bei der Stange zu halten, indem sie *immer größere* Portionen für immer kleineres Geld anbieten. Dieses Quantitätsdenken macht die Amis sicher dicker als der Hamburger an sich.

Was bezahlt ist, wird gegessen, sonst regnet es womöglich. Außerdem überlässt niemand gern das teuer bezahlte Mahl dem Abfalleimer.
Da Essen etwas Überlebenswichtiges ist, hat auch Mutter Natur eine natürliche Hemmschwelle eingebaut. Essen vernichtet man nicht, man isst es.
Kennst du auch das Gefühl von Ärger und Frevel, wenn in einem Fernsehbericht gezeigt wird, wie der Bauer seine frische Milch auf Äcker kippt, weil die subventionierten Mengen einfach zu groß sind?

Oder wenn er überschüssig geerntetes Obst vernichtet, um die Preise nicht zu verderben? Essen wirft man nicht weg, Essen ist überlebenswichtig. Woanders verhungern die Menschen. Im Krieg war man froh, etwas zu essen zu haben - hat schon die Großmutter immer gesagt.

„Ich bestelle im Restaurant grundsätzlich eine kleine Portion, egal, wie schief der Kellner schaut, ...

Ich bestelle im Restaurant grundsätzlich eine kleine Portion, egal wie schief der Kellner schaut. Ich bin Kundenkönigin und selbst die kleinere Portion reicht mehr als dicke aus, um satt zu werden.
Schlanke Amerikaner fragen ohne falsche Scham nach einem Doggie-Bag. Meist müssen sie nicht einmal darum bitten, Einpacken gehört zum Service. Ob die Reste tatsächlich für den Hund oder die Katz sind, interessiert hier niemanden. In Deutschland ist die Bitte um eine Tüte noch immer peinlich. Sofort schmeckt es nach Geiz und Kleinbürgertum. Schade eigentlich!

Für dich gilt übrigens ab sofort: Auch wenn du im Restaurant über deinen Hunger gegessen hast, dann mach dir keine Gedanken darüber. Schließlich gehst du nicht jeden Tag essen. Zermürben bringt absolut nichts, dein schlechtes Gewissen hilft am Ende noch beim Einlagern. Sei dir sicher, das maßlose Schlemmen wird dir auch kein einziges Kilo mehr auf der Waage bescheren, es sei denn, es hätte 7000 „Kalorien".

... denn ich bin Kundenkönigin und selbst die kleine Portion reicht mehr als dicke aus, um satt zu werden."

Freu dich lieber, dass du einen netten Abend hattest und es dir so gut gegangen ist.
Das Schlimmste, was du nun tun könntest und was du vielleicht bis dato getan hättest, ist, den nächsten Tag zum *Spartag* zu erklären.
Sparen würde tatsächlich nur dein Körper, Energie, und zwar *für dich*. **Du** hast es ihm beigebracht, er reagiert nur.

Die Regelmäßigkeit

Dein Körper passt sich immer an, allerdings nur unter einer Bedingung. Du musst ihm die äußeren Veränderungen glaubhaft machen.
Gute Zeiten werden sicher nicht mit einem Tag bestätigt, du solltest ihm ein wenig Zeit geben. So ist es mit allen Veränderungen. Von einem Bad in der Sonne wirst du auch nicht picke packe braun und es wächst dir nicht gleich Hornhaut an den Füßen, nur weil du einmal ohne Schuhe gelaufen bist.

„Angst und Essen passen ja auch absolut nicht zusammen! Angst, nichts zu essen zu haben, schon viel eher!"

Um Anpassungen zu erwirken, braucht der Körper regelmäßige Beweise. In Sachen Gewichtsreduktion heißt dies für dich: *regelmäßiges, genussvolles Essen*. Mit dem Frühstück fängt es an und mit dem Abendessen hört es auf. Das schlechte Gewissen auszuschalten ist hier sicher die größte, von dir zu bewältigende Aufgabe. Angst und schlechtes Gewissen sind negative Gefühle. Sie werden deinen Körper nicht von seinem Einlagerungsmechanismus fortbringen. Wenn du zweifelst, dann schau dir bei einem natürlich Schlanken, den du kennst, das Essverhalten ab. Oder beobachte deine Kinder am Tisch. Schlanke und Kinder haben kein schlechtes Gewissen.

Angst und Essen passen ja auch absolut nicht zusammen!
Angst, *nichts* zu Essen zu haben, schon viel eher!
Frühstücke, hab immer einen Snack in der Tasche, lass deinen Motor nicht verhungern, iss mit Genuss und Freude.
Grinse dein Essen an, entwickle ganz bewusst gute Laune bei den Mahlzeiten und schau nicht zweifelnd, ***was*** sich gerade auf deinem Teller befindet.

Kalorien lassen sich nicht wirklich ermitteln und nicht jeder Körper speichert überflüssige Energie.
Das ***WAS*** macht nicht dick, sondern vielmehr das ***WIE, WANN*** und ***WIE VIEL***. Je eher du diese Sprünge schaffst, desto eher wird dein Körper *für dich* reagieren und auf gute Zeiten umschalten.

Noch größer als der Traum von einer Abnehmpille ist der Traum, im Schlaf ohne Pillen abzunehmen. Nun, diesen Traum kannst du dir ganz einfach erfüllen. Vorausgesetzt, dein Körper ist auf *gute Zeiten* programmiert. Denn jeder Organismus besitzt eine automatische…

... Fettverbrennungs- maschine

Sie arbeitet super effektiv, man muss nur wissen, wie sie funktioniert.
Unser Organismus ist ein ausgeklügeltes Wunderwerk. Ein Anpassungstalent, eine perfekte Überlebensmaschine.
Während du schläfst, wird dein Körper praktisch generalüberholt. Zellen reparieren und erneuern sich, Muskeln werden mit Nährstoffen versorgt und frisch für den nächsten Tag gemacht. Hast du in der Nacht genug geschlafen, fühlst du dich am nächsten Morgen ausgeruht und erholt.
Für diese Arbeiten ist unter anderem ein Wachstumshormon zuständig: das ***HGH*** (**H**uman **G**rowth **H**ormone).
60 bis 70 Minuten nach dem Einschlafen wird dieses Hormon ins Blut geschüttet und beginnt mit seiner Arbeit. Die Energie, die es dafür benötigt, zieht sich dieses „Wunderhormon" aus der Fettreserve. Einzige Bedingung: Der Körper ist nicht auf *schlechte Zeiten* programmiert und auch bereit, seine wertvollen Reserven dauerhaft abzugeben.
Ich glaube, Herr Strunz hat in einem seiner Bücher darüber geschrieben, dass bei einem 80 Kilo schweren Mann bis zu 240 Gramm aus den Zellen gesogen werden – pro Nacht! Der Körper füllt sie den Tag über zwar wieder etwas auf, aber nicht mehr alles.

HGH
kontrolliert das Längenwachstum vor der Pubertät. Es fördert das Wachstum der inneren Organe und hat Einfluss auf den Stoffwechsel. Es ist für die Regeneration des Organismus zuständig.

Fühlst du dich oft morgens schlanker? Ist der Bauch flacher? Es ist nicht das Wasser, das du herausgeschwitzt hast, sondern die Reserven, die „verarbeitet" wurden und nun in deinen Zellen fehlen. Ob der Körper sich alles wieder zurückholt, entscheidest du, je nachdem wie dein Tag wird. *Gute* oder *schlechte Zeiten*?!
Leider hat diese Fettverbrennungsmaschine einen kleinen Haken.
„Ich hab's gewusst", wirst du jetzt vielleicht denken, *„wäre auch zu schön, um wahr zu sein!"* Nein, der Haken ist wirklich winzig.

So ähnlich wie einen Luftballon ...

...musst du dir auch eine Fettzelle vorstellen. Beide haben eines gemeinsam. Wenn bei einem Ballon die Luft gerade entweicht, kann keine hinein, wenn man dabei ist, Luft hineinzupusten, kann keine mehr hinaus.
Ist die Fettzelle dabei, Energie zu speichern, kann sie nicht gleichzeitig Energie abgeben. Gibt sie gerade Energie ab, kann sie nicht gleichzeitig welche speichern. So einfach ist das.

Was aber bremst die Fettzellen beim „Auslagern", und bringt sie zum Einlagern? Unter anderem das Hormon Insulin.

Bekannt ist es durch die Krankheit Diabetes. Insulin wird in der Bauchspeicheldrüse produziert und hat die Aufgabe, den Blutzuckerspiegel zu senken und Energie in die Zellen hineinzutransportieren.

Der Blutzuckerspiegel steigt, wenn der Mensch Kohlenhydrate, also alle Arten von Zucker, isst. Cortisol, das Stresshormon, verhindert übrigens den Abbau von Insulin und deshalb auch die Energie-*Abgabe* der Zellen. Genug mit verwirrender Biochemie.

Es reicht eigentlich, wenn man sich das Hormon Insulin wie einen Schlüssel für die Fettzellen vorstellt, der sie öffnet, um jetzt Energie hineinzuschaffen.

Solange nun Energie hineingeschaufelt wird, kann keine mehr hinaus. Sinkt der Insulinspiegel (am Tag nach ca. 2 bis 3 Stunden), kann die Zelle Energien wieder abgeben.

Viele neue Wunderdiäten arbeiten genau mit diesen biochemischen Vorgängen. Sie nennen sich Low Carb, South Beach- Diät, Glyx usw. Auch die Atkins Diät macht sich diesen Vorgang zu Nutze.

Auch ich nutze dieses Wissen, allerdings nur für die Nacht. Ansonsten halte ich persönlich nichts, aber auch gar nichts davon, neuerdings Kartoffeln, Nudeln, Brot, Obst etc. zu Sündenböcken zu erklären und ihnen die Schuld am Übergewicht zu geben. Noch vor kurzem war es das Fett, davor der Zucker usw. Aber das ist meine Meinung und ich möchte sie nicht zu deiner Meinung machen, also bitte nicht falsch verstehen.

Es ist deshalb sehr clever, wenn man schon um diese Vorgänge weiß, mit dem Abendessen den Tag zu beschließen. Das heißt nicht, dass du nichts zu Abend essen sollst. Dinner-Cancelling, auch eine Form von Diät, wird früher oder später zum JoJo führen. Ich kenne Leute, die monatelang um 15.00 Uhr zum letzten Mal gegessen haben, erst sehr viel auf diese Art ab- und dann leider wieder zunahmen. Dem Körper seine Nahrung zu entziehen war für Mutter Natur, seit es sie gibt, immer eine Notsituation. Kurz nach dem Mittag das Essen einzustellen, ist nichts weiter als Nahrungsentzug. Es sei denn, man geht wenige Stunden später schon ins Bett.

Iss zu Abend, was immer dir gut tut und schmeckt. Die Uhrzeit richtet sich nach deinem Tageablauf. Wer aufhört, wenn ein angenehmes Sättigungsgefühl eintritt, wird sicher nicht zunehmen. Das lange verpönte und dick machende Abendessen ist nachweislich nicht schuld an irgendwelchen Reserveröllchen, das wurde jetzt in Untersuchungen belegt.
Auch das Knabbern auf dem Sofa macht nicht dick, solange man es genießt und nicht übertreibt, sondern es macht lediglich im Schlaf nicht dünner. Und du möchtest doch dünner werden?!

Abends, wenn du es dir auf dem Sofa bequem machst, schaltet dein Motor auf Feierabend. Jetzt verlangsamen sich alle Stoffwechselvorgänge. Logisch eigentlich, du bewegst dich ja nicht mehr. Durch das Abendessen wurde jede Menge Insulin ins Blut geschüttet. Das braucht nun ein bisschen länger, bis es wieder aus dem Blut verschwunden ist. Etwas 3 bis 4 Stunden.
Solange sich aber Insulin im Blut befindet, können deine Zellen nichts abgeben. Also sei schlau. Iss nach dem Abendessen nichts mehr, trinke nur noch (Mineral) Wasser, kippe frischen Zitronensaft hinein (Plastikzitrone funktioniert deshalb nicht, weil das Vitamin C praktisch im Eimer ist) und lass den Insulinspiegel in den Keller sinken. Wenn du ein paar Stunden später ins Bettchen gehst und einschläfst, hat das Hormon HGH mit Hilfe des Vitamin C alle Möglichkeiten, deine Zellen leer zu saugen. Ist das nicht genial? Durch regelmäßiges Frühstücken und mit regelmäßigem Essen hast du deinem Organismus inzwischen gute Zeiten bewiesen.

Das war wichtig, denn nun traut er sich nachts an seine Vorräte.
Kippst du Zucker in den Tank der Fettverbrennungsmaschine, kann sie nicht funktionieren. Die Zellen sind auf Einlagern geschalten und das Abgeben von Energie wird somit unmöglich. Schade, denn bequemer geht es eigentlich nicht.

Wow, auf dem Sofa nichts mehr knabbern? Und was ist mit meinem Wein am Abend? Keine beruhigende Schokolade beim spannenden Thriller, keine Chips beim Fußballspiel?

Doch! Denn dafür gibt es die …

... Schludertage!

Du musst diese Maschine doch nicht täglich nutzen. In der Zeit, in der du abnehmen möchtest, kannst du dir getrost einen oder zwei Schludertage genehmigen. An diesen Abenden pfeifst du auf deine Fettverbrennungsmaschine, genießt deine Leckereien und hast um Gottes willen kein schlechtes Gewissen dabei.

„Denk daran, du machst keine Diät, sondern du bist dabei, genau wie ein *natürlich schlanker Mensch* zu essen."

So kommt niemals ein Verzicht-Gefühl auf. Dieses Gefühl wäre mehr als kontraproduktiv. Denk daran, du machst keine Diät, sondern du bist dabei, genau wie ein „natürlich schlanker Mensch" zu essen. Verzicht wird in deinem Gehirn Widerstand auslösen, und wenn du etwas widerwillig tust, kann es nicht von Dauer sein.

Deshalb: Zwei Abende nehmen und auf die Maschine pfeifen. Ruhig auf dem Sofa naschen und den Lieblingsfilm anschauen.

Einladung? Klasse!	=	Schludertag
Urlaub? Super!	=	Schludertage
Restaurant? Wunderbar!	=	Schludertag

Das schlechte Gewissen macht am Ende dick und du musst es schaffen, im Zusammenhang mit Essen niemals ein schlechtes Gewissen zu haben.

Das ist ein Prozess, der oft nicht von heute auf morgen zu bewältigen ist. Muss auch nicht, deine Reserven hast du auch nicht von einem Tag auf den anderen angelegt. Zu schnelles Abnehmen überzeugt Mama Natur nur von einer Notsituation und Notsituationen wollen wir in Zukunft vermeiden. Vor allem die im Kopf. Frust und Ärger, Trauer und Angst sind die größten Dickmacher.

Die Zellen von natürlich Schlanken geben mehr Energie ab, als sie speichern. Welche Faktoren sind zuständig für das Abgeben? Richtig! *Gute Zeite*n.
Endorphine zum Beispiel, Mutter Naturs kleine Glücklichmacher veranlassen die Speicher, ihre Vorräte eher loszulassen bzw. erst gar nicht groß anzulegen. Wer glücklich ist, hat keine *schlechten Zeiten*.

Berufsmusiker haben mehr dünne Kollegen in ihren Reihen als „Übergewichtige". Fallschirm- und Bungeespringer und die meisten „Extremsportarten" werden von superschlanken Menschen betrieben, die sich nicht gleichzeitig auch supergesund ernähren. Oft ist eher das Gegenteil der Fall.

Musizieren entspannt, egal ob singen, Geige spielen, Klavier oder Gitarre. Es werden jede Menge Endorphine ins Blut geschüttet und die machen einfach nur glücklich. Allein schon Musik Hören sorgt für diesen Hormonspiegel.

Und die positiven Gefühle haben ihre Gründe. Musik und Tanz gehören zu einem uralten, menschlichen Ritual. Einst dienten sie unter anderem zur Einstimmung der Fortpflanzungsbereitschaft.
Bei Urvölkern findet man noch heute Fruchtbarkeitstänze, die genau die Hormone in Wallung bringen, die den Körper der Frauen empfängnisbereit und die der Männer Liebesleistungsfähig machen. Schmusesongs sind bis in die Neuzeit gern gewählte Mittel, für die richtige Stimmung bei einem Kuschelabend zu sorgen.
Musik kann aber auch anspannen, statt zu entspannen. Je nach Rhythmus eben.

„Und ohne logische Begründung keine Umsetzung."

Kriegstänze der Indianer puschten vor der Schlacht *die* männlichen Hormone, die der Körper brauchte, um gegen Angst und Schmerzen unempfindlich zu werden. Das ***Testosteron***, ein männliches Sexualhormon, das auch „Gewalthormon" genannt wird, ist eines davon.
Eine Erfindung unserer Tage, die dasselbe bewirkt, sind Cheerleader. Mädels, die durch knappe Kleidung und ihre Tänze vor einem Footballspiel das Blut der Spieler buchstäblich aufheizen. Sie sorgen für jede Menge Testosteron im Blut der Mannschaft und machen sie fit und siegeswillig.

Testosteron *ist das wichtigste männliche Sexualhormon. Wird v. a. in den Hoden bzw. in den Eierstöcken gebildet. Es ist für das Wachstum der männlichen Geschlechtsorgane sowie für die Bildung und Reifung der Samenzellen verantwortlich. Außerdem fördert es die Potenz und die Libido.*

Berufsgruppen, die als Fun-Berufe bezeichnet werden (Künstler, Marketing, Journalismus, Coaching ...), sind im

Durchschnitt tatsächlich wesentlich schlanker als Berufsgruppen, die als negativ stressig bezeichnet werden. Wer in seinem Beruf aufgeht, gerne und kreativ arbeitet, hat eine viel größere Chance, niemals Reserven einzulagern, vorausgesetzt andere Irrtümer sorgen nicht dafür. Das spricht doch eigentlich Bände.

Irgendein böser Kritiker bei amazon.de hat geschrieben, dass mein Abnehmkonzept auf zwei Seiten gepasst hätte. Findest du das auch? Ich erzähle nichts Neues, natürlich nicht. Ich habe auch nicht den Anspruch, das Rad erfunden zu haben. Nur eine Liste zu erstellen mit altbekannten Tipps, - Frühstücke immer, iss am Tag mehrere kleine Mahlzeiten und nimm dein Abendessen so früh wie möglich ein hat aber noch keinen verzweifelten Dicken dazu bewogen, seine Hungerphasen oder gar Diäten aufzugeben. Leider fehlen den freundlich gemeinten Ratschlägen die logischen Begründungen. Und ohne logische Begründung keine Umsetzung. So ist der Mensch nun mal gebaut.

Warum wohl begleiten meine Gruppenleiter und ich die Abnehmgruppen drei Monate lang? Damit die Teilnehmer möglichst viel abnehmen? Nein, ganz sicher nicht. Das ist praktisch „nur“ ein erfreuliches Nebenprodukt. Wir begleiten sie, damit die neuen Erkenntnisse in Fleisch und Blut übergehen.

Step by step

Der Körper ist ein Motor mit vielen Zahnrädern. Dick zu sein bedeutet nicht gleichzeitig, krank zu sein. Natürlich gibt es Handicaps, die das Abnehmen erschweren können. Stoffwechselkrankheiten, Medikamente und genetische Dispositionen, die es fast unmöglich machen. Aber wie schon erwähnt, wenn du eines dieser Hindernisse hast, dann weißt du in der Regel darum.

„Das Ziel hierbei muss heißen: Gute Zeiten. Der Weg dorthin: Step by step."

Ansonsten funktioniert ein gesunder Körper immer gleich. Zahnräder drehen sich in eine bestimmte Richtung und halten den Motor am Laufen.
Wie herum sie sich drehen, entscheiden wir bei vielen Vorgängen selbst, bewusst oder unterbewusst.
Wenn du mit dieser Methode abnehmen möchtest, dann sollten sich nach und nach alle deine Zahnräder in die von dir gewünschte Richtung drehen. Das Ziel hierbei muss heißen: *Gute Zeiten*. Der Weg dorthin: *Step by step*.

Die Köpfe der Menschen sind voll von Diätplänen, Listen, Verboten und Empfehlungen. Das meiste betrifft das **WAS** (sich auf dem Teller befindet).

Ernährungszwangsjacken, die das Leben einschränken und den Spaß am Essen gründlich verderben.
Die großen Logiker unter meinen Teilnehmern, und das sind oft – nicht immer - die Männer, nehmen tatsächlich auch am schnellsten ab. Sie hören sich das Seminar an, denken: *„Aha, so funktioniert das, ist ja eigentlich völlig logisch"* – und legen einfach los.

Ohne zu hinterfragen, ohne sich unnötig unter Druck zu setzen, werden sie von Treffen zu Treffen schlanker. Sie tun das oft mit einer Leichtigkeit, die beneidenswert ist.

Viele Damen aber haben den großen, *„Ehrlich? So einfach? Darf ich wirklich?"*-Stolperstein in ihrem Weg. Aus diesem Grunde halte ich nicht einfach nur Seminare, sondern betreue die Menschen in Gruppen.

Step by step, Rädchen für Rädchen arbeiten wir uns vorwärts in Richtung schlankes, genussvolles Leben.
Die fünf wichtigsten Schritte sind:

Step 1: Das Frühstück
Am Ende des Seminars, wenn alle Leute über die Überlebensmechanismen des Körpers Bescheid wissen, stelle ich die erste Hausaufgabe.

Innerhalb der ersten halben Stunde wird ab sofort gefrühstückt. Ich *empfehle* Müsli, aber ich befehle es nicht. Ein Versuch ist es allemal wert, denn die vielen Vorteile der Körnermahlzeit sind nicht zu verachten.

Die erste halbe Stunde entscheidet über den Tag. Abgeben oder Einlagern. Warum gerade eine halbe Stunde? Das werde ich sehr oft gefragt. Um auf Nummer sicher zu gehen! Vielleicht schaltet der Körper erst nach 40 oder 45 Minuten auf Sparflamme, das wird bei dem einen oder anderen wahrscheinlich auch so sein. Aber das Wörtchen *vielleicht* gefällt mir dabei nicht, also nehmen wir sicherheitshalber die 30 Minuten.

Zehn Minuten früher aufstehen, das muss doch drin sein, um auf so leichte und natürliche, vor allem aber auf ganzheitliche Weise schlank zu werden. Nein? Doch!

Keinen Hunger? Der kommt schon wieder. Der Körper braucht die Regelmäßigkeit, genau wie beim Barfußlaufen, dann passt er sich deinen Bedürfnissen an. In kürzester Zeit wirst du morgens einen gesegneten Appetit haben und ganz anders in den Tag starten als bisher. Nämlich energiegeladen und fröhlich, leistungsfähig und mit einem besseren Nervenkostüm als mit leerem Magen.

Gilt die erste halbe Stunde nach dem Aufwachen oder Aufstehen?

Der Countdown läuft erst, nachdem du wirklich aufgestanden bist. Im Bett dösen, lesen, kurz aufstehen und pinkeln, nach dem Baby sehen oder mit dem Partner schlafen ist noch nicht das Startsignal. (Das Letztere setzt übrigens jede Menge positive Energie frei und ist deshalb in Sachen Abnehmen ein absoluter Beschleuniger.)

Step 2: Das regelmäßige Essen und Aufhören

Mit dem Frühstück beginnt der Tag und nun wird immer wieder Sprit nachgeliefert. Wer morgens seinen Motor startet, darf ihn jetzt den Tag über nicht verhungern lassen. Lange Hungerphasen lösen erneut die gewohnten Einsparmechanismen bei Mama Natur aus. Du kannst sie nur *mit* Essen davon überzeugen, dass es genug Nahrung gibt. Niemals ohne. Hast du das regelmäßig getan, wird sie längere, nahrungslose Zeiten am Tag problemlos verzeihen, solange die nicht wieder regelmäßig kommen, also eher die Ausnahme bleiben.

Aber in den ersten 14 Tagen *musst* du Überzeugungsarbeit leisten. Dein Körper reagiert, vergiss das nicht, aber er braucht für eine Anpassung immer seine Regelmäßigkeit.
Und was soll ich essen? Was immer du magst!

„Schweinshaxen lassen sich nicht so gut in der Tasche unterbringen."

Nimm dir ein Brot mit, kauf dir ein paar Riegel auf Vorrat, nimm frisches Obst, es gibt viele Möglichkeiten. Schweinshaxen lassen sich nicht so gut in der Tasche unterbringen. Damit will ich nur sagen, dass mein Vertrauen in deine Kenntnisse grenzenlos ist und es sich von selbst versteht, dass niemand mit 10 Tafeln Schokolade für den kleinen Hunger zwischendurch schlank werden kann.

Wer schnell lernt, beim angenehmen Sättigungsgefühl den Teller zur Seite zu schieben wird auch schnell erfolgreich sein. Du darfst alles essen, nichts ist mehr verboten. Schon deshalb brauchst du deinen Teller nicht mehr leer zu essen. Wenn etwas übrig bleibt, dann iss es später, morgen, oder frier es ein. Auf Vorrat den Magen voll zu schlagen, hat kein schlanker Mensch nötig. Ihm fehlt außerdem der Reiz des Verbotenen. Du hast jetzt zwar noch ein paar Reserven über deinem schlanken Körper, aber niemand hindert dich daran, schon wie ein schlanker Mensch zu essen. Dachtest du bis jetzt, dies wäre ein Privileg der Dünnen? Falsch, Dünne haben keine Privilege.

Sie haben lediglich das große Glück, niemals in die Diätenmaschinerie geraten zu sein. Und Glück ist machbar.

Also iss mit freundlichen Gedanken und konzentriere dich nur auf den Geschmack. Deshalb bleibt der Fernseher aus und das spannende Buch im Regal. Schöne Musik im Hintergrund ist die Unterstreichung eines leckeren Mahls.

Schwierigkeiten mit dem Sättigungsgefühl? Nimm etwas weniger als gewohnt auf deinen Teller.

Wenn er leer gegessen ist, frage dich ganz ehrlich, ob du noch einen Nachschlag brauchst. Wenn ja, dann hol ihn dir ohne schlechtes Gewissen. Essen und schlechtes Gewissen passen nicht zusammen.

„Grinse dein Essen an!“

Step 3: Das Knabbern auf dem Sofa

Macht nicht dick, sondern eben nur nicht schlank im Schlaf. Du kennst nun deine Fettverbrennungsmaschine, weißt, wie sie funktioniert und was sie an ihrer Arbeit hindert. Nutze sie, sooft du kannst, und mach dir keinen Kopf, wenn du einen Schludertag einlegst. Freu dich darauf, dann verlieren diese Tage ihre Macht. Sie sind einfach nur angenehm und gemütlich.

Step 4: Keine Macht dem Essen

Essen ist positiv! Warum sonst hat Mutter Natur diesen lebensnotwendigen Vorgang mit so angenehmen Gefühlen ausgestattet. Das Essen hatte Macht über dich? Über deine Gefühle, über deinen Tag, über dein Leben? Nun nicht mehr, genauso wenig wie es Macht über einen schlanken Menschen hat. Grinse dein Essen an, das hilft ihm die Macht zu nehmen, und schaltet deine Zellen auf „Abgabe“.

Essen ist nichts Böses, nichts Verwerfliches und vor allem nichts Verbotenes. Essen ist überlebenswichtig und essen muss jeder.

Step 5: Guten Appetit

Der Körper sendet Signale. Schlanke Menschen hören ganz automatisch auf sie, auch wenn sie nicht in unserem Bewusstsein, sondern vielmehr im Unterbewusstsein stattfinden.

„Auf diesem Weg zum Ziel gibt es nun einmal auch Umwege, aber sicherlich keine Sackgassen."

Durst: Ich brauche Flüssigkeit und Mineralien
Hunger: Ich brauche Energie
Appetit (Jieper) auf...: Ich brauche ganz bestimmte Stoffe!
Hol die unterbewussten Signale wieder ins Bewusstsein zurück. Spüre, was dein Bauch sagt, was der Körper möchte. Dann wählst du völlig automatisch die richtigen Nahrungsmittel aus. Das kann dann auch mal Zucker sein. Meist, wenn die Laune im Keller ist, verlangt der Körper nach dem süßen Stoff. Oder wenn du zu wenig gegessen hast. Aus Zucker kann der Organismus blitzschnell Energie bereitstellen. Nun kommt der Süßhunger.

Wenn du diese Schritte erfolgreich gehst, dann wirst du zwangsweise abnehmen. Du musst nicht alle Schritte auf einmal gehen.

Nimm dir Zeit, drehe ein Zahnrad nach dem nächsten in die richtige Richtung. Abnehmen muss Spaß machen, auch wenn es bis jetzt immer nur mit Leiden gekoppelt war. Das gehört endgültig der Vergangenheit an.

Hab keine Angst vor Stolpersteinen, sie gehören dazu und haben nichts mit Scheitern zu tun. Auf dem Weg zum Ziel gibt es nun mal auch Umwege, aber sicherlich keine Sackgassen.

Step by step. Um dein Ziel zu erreichen, solltest du jeden dieser Schritte *ganz bewusst* tun. Hole sie aus dem Unterbewusstsein nach oben ins Bewusstsein. Das ist nötig, damit dein Gehirn sie bald als selbstverständliche Vorgänge begreift. Sie gehen dir buchstäblich in Fleisch und Blut über.

Hilfe, ich nehme zu!

Aha, erwischt! Du warst auf der Waage.
Etwa ein Drittel meiner Teilnehmer nehmen am Anfang etwas zu. Das ist völlig natürlich und kein Grund zur Panik. Du weißt, dass dein Organismus nur ***re-***agieren kann und dazu die Regelmäßigkeit braucht. Fängst du an zu frühstücken, isst immer wieder zwischen den Mahlzeiten, so wird dein Körper unter Umständen nicht sofort an das Schlaraffenland glauben, das du ihm jetzt servierst.
Der Einsparmodus, der vielleicht jahrelang geschalten war, braucht ein wenig Vertrauen, bis er auf Verbrauch umschaltet. Aber er tut es, du darfst nur die Geduld nicht verlieren. Vertraue einfach deinem Organismus und Mutter Natur. Frühstücken macht nicht dick und regelmäßiges Essen auch nicht.

Dazu wieder eine Geschichte, die so typisch ist.

Bettina
hörte endlich mit dem Rauchen auf. 30 Zigaretten täglich hatte sie fast 20 Jahre lang verqualmt.
Nach den ersten wirklich harten Tagen des Entzugs wurde der Drang nach einem Stäbchen endlich erträglicher. Dabei half ihr, dass sich die Nikotinsucht ein wenig auf eine Schokoladensucht verlagerte.

Als sich drei Kilo mehr auf der Waage zeigten, schränkte Bettina den Schokokonsum drastisch ein. Sie stieg auf Kaugummis um.

Ihr Gewicht aber kletterte trotzdem kontinuierlich weiter. Bei weiteren drei Kilo Zunahme schrillte der Alarm unüberhörbar und läutete die erste Diät ein.
Danach das Übliche: Verzicht, Abnahme, Fressattacken, Frust, Zunahme.

Bettinas Gehirn, das jahrelang über Nikotin eine Art Rausch im „Belohnungszentrum" erhielt, verlangte nach dem plötzlichen Entzug eine Ersatzbefriedigung. Schokolade hat eine ähnlich stimulierende Wirkung und hilft deshalb wunderbar bei jeder Art von Frust. Frauen kennen das beim monatlichen Hormonabsturz (PMS), wenn die Laune in den Keller fällt und sich postwendend Schokolade im Einkaufswagen befindet. Auch Bettinas Stoffwechsel, der nun nicht weiter gegen das Gift der Zigaretten ankämpfen musste, lief langsamer und verbrauchte etwas weniger Energie. Ihre eingequalmten und dadurch betäubten Geschmacksnerven nahmen die Arbeit wieder auf. Essen schmeckte plötzlich viel intensiver und Bettina langte kräftig zu.

„Wenn Nichtrauchen wirklich dick und fett machen würde und Rauchen dünn, dann frage ich mich, warum es dünne Exraucher und dicke Raucher gibt."

Als sich die ersten Kilos auf der Waage zeigten, sie von Schokolade auf Kaugummis umstieg, hatte sie es zwar gut gemeint, aber durch die permanente Kauerei auch eine konstante Insulinausschüttung.

Nun konnte ihr Körper keine Reserven abbauen.
Das Aufhören allein hätte vielleicht eine Gewichtszunahme von drei, höchstens vier Kilo bewirkt und hier haben wir die Schokolade mit einberechnet. Die Panik aber und das „Wissen", dass jeder, der den Qualm aufgibt, garantiert wie ein Hefeklops auseinander geht, brachten am Ende die wesentlich größere Zunahme.
Leute, wenn Nichtrauchen wirklich dick und fett machen würde und Rauchen dünn, dann frage ich mich, warum es dünne Exraucher und dicke Raucher gibt.
Viele Menschen, die ich kenne, sei es aus dem Internet oder der realen Welt, qualmen wie die Schlote. Ich lerne sie aber meist als dicke Menschen kennen.

Klischees

Wer aufhört zu rauchen wird dick, Frauen in den Wechseljahren gehen auseinander. Von Schokolade wird man fett, Gummibärchen halten schlank, Hamburger sind Kalorienbomben. Eine Schwangerschaft ruiniert die Figur und alle Dicken haben Bluthochdruck. Jeder Mensch hat einen Gewichts-Set-Point und der Körper wird immer versuchen, dieses Gewicht zu halten.
Klischees, die sich hartnäckig halten, obwohl es genug Gegenbeispiele und sogar Studien gibt, die all das widerlegen.

Fett ist für den Körper *natürlich* etwas sehr Wertvolles, und wenn man es durch Hungern, Verzicht, also Notzeiten verliert, dann wird er auch *natürlich* versuchen, es wieder zu erlangen. Verliert man es aber durch den Beweis von guten, also nahrungsreichen und glücklichen Zeiten, hat er keinen Grund, den alten Gewichtsstand wiederherzustellen.

In den Wechseljahren, wenn der weibliche Körper die Östrogenproduktion in den Eierstöcken nach und nach einstellt, wird ein Teil der Produktion kurzerhand ins Unterhautfettgewebe verlegt. Dazu schafft sich der Körper ein bisschen mehr davon an. Das ist gut so, und vom Körper eine sehr clevere Lösung, *eigentlich*.

Wäre da nicht die Angst…

Wenn ich Info-Abende zu einem Gruppenstart halte, dann überrascht mich immer wieder der hohe Altersdurchschnitt der Interessentinnen.

Oft sind mehr als die Hälfte der Zuhörer schon jenseits der 60. Ihre Leidensgeschichten wiederholen sich immer wieder.

Als sich der Körper der Damen in den Wechseljahren zu verändern begann, sich eine plötzliche Zunahme auf der Waage zeigte, kam die Angst vor dem Essen. Der Teufelskreis wurde betreten.

Leider ist zu unserem Schönheitswahn nun auch die „Forever Young Manie" über den großen Teich geschwappt. Dort gilt es schon sehr lange als schlimmer Fauxpas, jemanden nach seinem Alter zu fragen. Man erfährt eher von überstandenen Geschlechtskrankheiten als das ehrliche Geburtsjahr.

In die Wechseljahre zu kommen heißt nicht gleichzeitig, die schlanke Linie aufgeben zu müssen. Die kleine Zunahme macht keine schlanke Endfünfzigerin zu einer pummeligen Oma. Es ist wieder einmal die Angst davor, mit dem Altern dick zu werden.

Schlank = jung?

Viele Frauen, die unter massiven Essstörungen leiden, Bulimie und Magersucht, sind jenseits der 40.

Berichten die Medien über diese Krankheiten, dann sind die Betroffenen meist 14-jährige Teenager oder junge Frauen Anfang zwanzig. Das verzerrt etwas die Wahrheit.

Die Kids werden nur deshalb in Statistiken geführt, weil sie von den Eltern zum Arzt geschleppt werden.

Die 45-jährige Mama von drei Kindern schleift niemand zum Arzt. Sie leidet oft jahrelang still vor sich hin und nicht einmal der Ehemann weiß Bescheid.
Ich hatte so einen Fall im Studio. Ein Pärchen kam zum Fitnesstest. Beide schlank, sie eher superschlank. Die Mutter zweier Kinder hatte ihren Körper vorsorglich unter weiten Klamotten versteckt. Als sie für die Anamnese (Vorgespräch) auf die Waage sollte, wurde das zum Drama. Ich habe ihren Mann in die Sauna geschickt und über eine Stunde mit ihr allein geredet. Sie wog 35 Kilo, zehn weniger als ich geschätzt habe.

Sie litt an Bulimie, schon seit vielen Jahren. Ihr Mann war ahnungslos. Ihre Geschichte begann in der Schwangerschaft. Sie hatte beim ersten Kind über zwanzig Kilo zugenommen. Nach mühsamem monatelangem Abhungern bescherte ihr das zweite Kind, drei Jahre später, fast dreißig Kilo mehr. Als sie kurze Zeit nach der zweiten Entbindung erfuhr, dass sich ihr Mann eine Geliebte zugelegt hatte, fing das Brechen an.
Allein zu Hause ergab sie sich ihren Fressattacken, um sich gleich danach auf der Toilette, still und unbemerkt, vom Gegessenen zu befreien. Heute befindet sie sich in therapeutischer Behandlung.
Eines von vielen Opfern unserer Schönheitswahn-Gesellschaft.

Da der Nachwuchs für Mutter Natur absolute Priorität hat, wird in der Schwangerschaft der Appetit einfach zwei Stufen höher geschalten. Meist beginnt das allerdings erst nach den ersten drei „kritischen" Schwangerschaftsmonaten.

Bis dahin ist der Körper sehr vorsichtig. Ekelgefühle vor Speisen, die man sonst sehr gern gegessen hat, treten plötzlich und unvermittelt auf. Jedoch nicht grundlos.

Übelkeit und Erbrechen sollen den jungen Fötus davor schützen, eventuell mit Nährstoffen in Berührung zu kommen, die schädlich für ihn sein könnten.
Ist diese Phase überwunden, der Embryo nach dem dritten Monat widerstandsfähiger, beginnt das große Essen. Mutter Natur sorgt nun schon für das Stillen vor und für die nächste Schwangerschaft. Sie lagert Energie jetzt lieber ein, als sie abzugeben.

Nach ihren uralten Wünschen sollten ihre weiblichen Schöpfungen möglichst alle zwei Jahre ein Baby zur Welt bringen. Schließlich geht es um die Erhaltung der Art, ihren wichtigsten Auftrag. Von unserem Luxus weiß Mutter nichts, auch nicht von niedriger Kindersterblichkeit und von der Überbevölkerung.
Zu wissen, warum der Appetit mit dem Babybauch wächst, verhindert die Ängste etwas falsch zu machen. Keine Mama, die ihr normales Essverhalten beibehält, wird dick werden.

Vom Nichtrauchen wird man nicht fett und auch nicht vom Frühstücken.
Die Panik macht dick, also vermeide bitte Panik und stelle dich vorerst nicht auf die Waage. Schon gar nicht, wenn du gerade auf *gute Zeiten* umprogrammierst.
Du brauchst aber Beweise für deinen Erfolg? Dann miss deinen Umfang.

In den Gruppen machen wir das auch. Das ist gleichzeitig eine gute Gelegenheit, dich im Spiegel zu betrachten und deine zu vermessende Pracht mit freundlichen Augen anzuschauen.

Nimm ein Maßband und miss zuerst den Umfang deines Oberkörpers genau über deinen Brustwarzen. Als Nächstes vermisst du deinen Bauch, und zwar über dem Bauchnabel. So kannst du sicher sein, auch immer dieselben Stellen zu erwischen. Dann miss über die dickste Stelle deines Pos. Hast du einen starken Unterbauch, so wird er jetzt mitgemessen. Nun kommen die Oberschenkel dran. Rechts und links solltest du einzeln vermessen. In den wenigsten Fällen sind beide Oberschenkel gleich stark gebaut. Nimm immer die dickste Stelle und hab keine Angst vor dem schrägmessen. Zum Schluss die Oberarme – einzeln. Auch hier misst du über die dicksten Stellen.

Alle Zentimeter zählst du am Ende zusammen und hast somit eine Zahl. Jeden Tag nachzumessen bringt sicher nichts. Einmal pro Woche reicht vollkommen aus. Wenn du möchtest, dann nimm ein Kleidungsstück aus dem Schrank, das sehr eng sitzt. Hänge es dir an eine Stelle, wo du es immer sehen kannst. Schlüpf ab und zu hinein, am besten morgens nach dem Aufstehen. Dieses Kleidungsstück sollte dich von heute an immer an dein Ziel erinnern. Wenn du nur passende Sachen im Schrank hast, dann kauf dir doch ein schönes Teil, auf das du dich freuen kannst. Du musst es aber fertig bringen, es auch wirklich zu klein zu kaufen und nicht passend.

Sonst ist Ärger vorprogrammiert, wenn es bald am Körper schlabbert.
Wo der Organismus seine Reserven zuerst abgibt, kann man übrigens nicht beeinflussen, egal was die Verkaufssender im Fernsehen auch immer behaupten. Meist trennt er sich von dem zuletzt, was man liebend gern zuerst abgeben würden, und umgekehrt.

Kampftrinken[8)]

Alle, wirklich alle Abnehmmethoden be(emp-)fehlen ihren hoffnungsvollen Kunden, Unmengen Wasser oder ungesüßten Tee zu trinken. Es sollen nicht nur die Schlacken abtransportiert werden, sondern auch der Vorteil genutzt, dass Vieltrinker weniger essen, so hofft man zumindest. Trinken, trinken, trinken, möglichst noch bevor der Durst kommt. Denn Durst „beweist" eine bereits bestehende Mangelsituation im Körper, die man tunlichst vermeiden sollte. Komischerweise spricht bei einem Hungergefühl niemand von einer Mangelsituation.

„Beim ständigen Pinkeln wird nicht nur der Urin ausgeschieden, sondern mit ihm eben auch wichtige Spurenelemente."

Mutter Natur hat uns unterschiedliche Sensoren eingebaut, Hilfen, die uns das tun lassen, was gerade nötig ist. Der Appetit steuert die Zufuhr bestimmter Nährstoffe, der Hunger die Kraftstoffe, der Durst den Wasserhaushalt und die Elektrolyte.

Irgendwann kam jemand dahinter, dass Trinken Kalorien verbrennt, ohne dabei Kalorien zuzuführen. Klasse, das Kampftrinken war geboren. Nun gibt es Gott sei Dank, und das meine ich ernst, Einrichtungen wie das Europäische Ernährungsinstitut, das Studien betreibt, die die gängigen Klischees gründlich „von hinten" aufrollen.

Von ihnen stammt die Information, dass sich Vieltrinker durchaus mit Wasser vergiften können.
Beim ständigen Pinkeln wird nicht nur der Urin ausgeschieden, sondern mit ihm eben auch wichtige Spurenelemente, Natrium beispielsweise. Fatalerweise wird in Diäten zum Vieltrinken auch noch das salzarme Essen empfohlen.
Nun kommt kein Natrium mehr ins Blut zurück. Der Körper verlangt nach Salz und schaltet fälschlicherweise Durst. Der Abnehmer trinkt Tee oder, was sehr oft gleich mitempfohlen wird, natriumarmes Mineralwasser. Es kommt zu einer gefährlichen Mangelsituation, die bis zum Kollaps führen kann. Schon einige Marathonläuferinnen sind auf der Strecke umgekippt und fälschlicherweise auf Dehydration, also Austrocknung behandelt worden. Das Gegenteil war der Fall.
Frauen gewöhnen sich das Trinken gerne ab, weil ihnen das lästige Pipimachen auf die Nerven geht. Gehörst du dazu? Dann gewöhne es dir wieder an. Aber werde nicht zur Kampftrinkerin.

Tipps und Tricks für Kopf und Bauch

1) Frühstücke immer! Müsli ist deshalb gut, weil der Körper beim vergeblichen Verdauungsversuch mehr Energie aufwendet, als er aus dem Müsli gewinnen kann. Nun läuft der Stoffwechsel und fährt eben keinen Einsparmodus.

2) Iss niemals mit Gier und Heißhunger! Die Enzyme, die dieses Gefühl im Bauch auslösen, sind genau dieselben, die für den Transport der Nahrung in die Fettzellen sorgen. Wenn Heißhunger auftritt, dann trinke erst ein großes Glas Wasser. Danach iss, was dir schmeckt.

3) Trink keinen Alkohol zum Essen! Alkohol ist ein schneller Energielieferant. Er sorgt dafür, dass sich die Fettzellen sperrangelweit öffnen und alles hineinbugsiert wird. Eine Stunde vor und zwei Stunden nach dem Essen besser keinen Alkohol. Das gilt natürlich nicht für Schludertage. Rotwein nährt, Weißwein zehrt. Das stimmt tatsächlich. Dem Weißwein wurde fettabbauende Wirkung belegt. Bier legt sich deshalb gerne in die Zellen, weil es weibliche Hormone enthält.

4) Ein Schuss frisch ausgepressten Zitronensaft vor dem Schlafengehen stimuliert das Wachstumshormon HGH, das im Schlaf für die Fettverbrennung sorgt. Wenn du magst, dann mische dein abendliches Wasser mit frischer Zitrone.

5) Kalt Duschen am Morgen bringt nicht nur den Stoffwechsel in Schwung, sondern hilft auch ungemein, Fett zu verbrennen. Der Körper muss immer seine lebenswichtige 37 Grad Körperwärme aufrechterhalten. Das kostet Energie.

6) Joggen und Walken verbraucht nicht nur Energie, sondern sind Urtriebe. Läuft man regelmäßig und viel, wird der Körper versuchen, leichter zu werden, um die Gelenke zu entlasten. Dazu wirft er seinen Ballast ab. Isst man regelmäßig, so wird dieser Ballast Fett sein.

7) Heißhunger in der Nacht. Für den Bauch: Der Insulinspiegel ist gesenkt, die Fettverbrennung arbeitet. Musst du nun etwas essen, weil dir das Magenknurren sonst den Schlaf raubt, dann wäre Käse eine Alternative. Er verhindert die Fettverbrennung nicht. Für den Kopf: Das Knurren ist nichts anderes als das Arbeitsgeräusch der Fettverbrennungsmaschine. Wer nun Zucker in ihren Tank schüttet, blockiert sie für die nächsten 3 bis 4 Stunden. Dem Körper kann man nicht nur erfolgreich das Frühstücken abgewöhnen, sondern auch das Magenknurren am Abend. Hier ist, wie immer, nur die Regelmäßigkeit gefragt. Er bekam regelmäßig Naschereien, verlangt sie nun geräuschvoll und braucht etwas Zeit, bis er glaubt, dass du lieber deine Fettverbrennung nutzt.

Loslassen!

Fett ist absolut nichts Negatives, ganz im Gegenteil! Wenn du von deinem Körper erwartest, dass er ganz schnell ganz viel abnimmt, dann setzt du dich und deinen Organismus unter Druck. Druck ist stressig und Stress lagert Energie ein, das wissen wir nun.
Behandle den Körper so, wie er es verdient hat, nämlich wie deinen besten Freund! Setze ihn nicht unter Druck, dann wird er seine Vorräte abgeben, und zwar für immer!

„Ungefähr zwei Wochen Zeit musst du deinem Körper schon lassen, bis er glaubt, was passiert' ...“

Die Angst vor dem Essen zu verlieren, das natürliche Verhältnis zurückzugewinnen, nicht zu verzichten, Kalorien keine Bedeutung mehr beizumessen, das ist das Ziel und die Garantie, größere Gewichtsschwankungen für immer umgehen zu können. Ungefähr zwei Wochen Zeit musst du deinem Körper schon lassen, bis er „glaubt, was passiert", und auf die Veränderungen ***(re)***agiert!

Wie oft habe ich es schon erlebt, dass meine Gruppenteilnehmer an einem bestimmten Punkt plötzlich „hängen". Meist sind es die runden Kilozahlen.

Endlich einmal unter hundert, neunzig, achtzig ... Kilo zu kommen ist ein so mächtiger Wunsch, dass sie sich völlig blockieren.

Ich vergleiche das mit dem Ehepaar, das unbedingt Kinder haben möchte. Körperlich ist bei beiden alles in bester Ordnung und trotzdem will es mit dem heiß ersehnten Nachwuchs nicht klappen. Jahre vergeblichen Bemühens vergehen. Irgendwann resigniert das Paar, adoptiert ein Kind oder entscheidet sich auszuwandern, eine Weltreise zu machen oder sich ein Haustier anzuschaffen. Und plötzlich kündigt sich völlig überraschend ein Baby an. Allein in meinem Bekanntenkreis kenne ich drei solcher „Fälle“.

Loszulassen, das ist so unglaublich wichtig. Relaxen! Druck erzeugt nur Gegendruck! Ich mag die Waage nicht, jeder weiß das, aber so kurz vor einer runden Zahl bekomme ich die Teilnehmer nur mit dieser Kinderwunschgeschichte dazu, sich *gerade* jetzt nicht mehr zu wiegen oder die Placebo-Waage zu benutzen. Und es funktioniert. Beim nächsten Treffen ist die Hürde meist unterboten.

Frusttage und Lusttage

Nach jedem Hoch folgt auch ein Tief! Bei Frauen kommt das der Monatsblutung in schöner Regelmäßigkeit. Jetzt werden übrigens die meisten Diäten beendet.
Biochemisch gesehen hält der Körper ein Dauerhoch nicht ewig durch. Die „Glücklichmacher-Hormone" gehen irgendwann zur Neige. Ein tiefes Loch folgt der Euphorie.
Das ist völlig natürlich!
Diese Löcher musst du unbedingt zulassen! Sie sollten dich nicht entmutigen und von deinem Weg abbringen. Wenn dir nach Heulen ist, dann weine. Kein Loch ist für die Ewigkeit gebuddelt.

„Hattest du Fressattacken, während du im Loch gesessen bist? Ich hoffe, du hast sie genossen!"

Schon bald kommt der Körper mit seiner „Glücks-Hormon-Produktion" wieder nach. Die Depressionen verschwinden und die Welt sieht wieder freundlich aus. Nun kann es weitergehen.
Hattest du Fressattacken, während du im Loch gesessen bist (vielleicht während der Periode)? Ich hoffe, du hast sie genossen! Im Körper geschieht nichts unbegründet.

Das zu wissen nimmt schon einmal die Hälfte des Frusts. Jeder Mensch hat einen ganz bestimmten Wohlfühl-Level.

Dieses zufriedene, ausgeglichene Gefühl möchten Körper und Seele möglichst immer erhalten, egal wie dunkel gerade die Welt da draußen ist.
Biochemisch erklärt ist unter anderem das Hormon Serotonin für unser Wohlbefinden zuständig. Nein, ich mache jetzt nicht denselben Fehler und zerpflücke die Chemie, es ist mir ein Anliegen, dass du weißt, warum du heute schlechte Laune hast, und sie durch das Wissen ihre Macht verliert.
Das Serotonin beispielsweise ist auch zuständig für das *gute Gefühl* beim Essen oder Kaffeetrinken. Zucker ist ein sehr großer „Serotoninlieferant" (die Aussage stimmt so nicht ganz, es sind viel komplexere Vorgänge, aber ich möchte einfach bleiben), aber da Zucker sehr schnell vom Körper verarbeitet wird, fällt der Spiegel auch sehr schnell ab, und mit ihm die Laune.

Schöne Musik, tanzen, verliebt sein, lachen, knutschen, sporteln, Saures (weil sich beim Genuss von Saurem die Mundwinkel wie beim Lachen an die Wangen ziehen), Scharfes, Kaffee, Tee, Alkohol (nicht empfehlenswert), Schwangerschaft, Erfolg, Sex....all dies transportiert schlussendlich das Gute-Laune-Hormon ins Gehirn. Und dieses Hormon schaltet die Zellen auf „Abgabe".
Auch Sonnenlicht sorgt für einen ausgeglichenen Serotoninspiegel.

In der dunklen Jahreszeit essen wir mehr Süßes als im Frühjahr und Sommer. Der Körper braucht den Zucker jetzt, um das fehlende Sonnenlicht für seine Serotoninproduktion auszugleichen.

Im Frühjahr, wenn die Tage länger werden, verlieren Lebkuchen und Co. automatisch ihren Reiz.

Nun, bis dato hast du deinen Wohlfühl-Spiegel bei Frusttagen durch Essen wieder in Ordnung gebracht. Mit meiner Auflistung hast du nun Alternativen an die Hand bekommen. Such dir etwas aus. Es funktioniert und du wirst noch schneller schlank werden.
Verwöhne dich an einem schwarzen Tag. Leg dich mit einem tollen Badezusatz in die Wanne, geh zum Friseur, zur Kosmetikerin, ins Solarium. Hör Musik, krame alte Platten aus dem Schrank oder iss Schokolade.

Vergiss dabei nie, du machst keine Diät, die nun gescheitert ist, weil du dich doch wieder für das Essen entschieden hast. Auch ein schlanker Mensch fällt in Löcher, aber wer sich davon unterkriegen lässt, verliert die Motivation und den Glauben an sich, seinen Körper und sein Ziel.

Step by step und Hartnäckigkeit lohnt sich immer. Die erfolgreichsten Menschen sind nicht gleichzeitig die Schnellsten, aber sie sind immer die Hartnäckigsten.

Hier noch eine wunderbare Motivationsgeschichte aus meinem Forum, für die ich Silke Secka sehr dankbar

Die zwei Bergsteiger

Zwei Menschen beschlossen, einen sehr hohen Berg zu besteigen. Dass der kürzeste, steilste Weg nicht zum Gipfel führt, hatten beide schon erkannt und akzeptiert. Also machten sie sich auf den längeren Aufstieg.

Nach wenigen Kilometern begegneten sie einem weisen alten Mann am Wegesrand. Sie fragten ihn: „Weiser Mann, schon so viele sind aufgebrochen, um diesen Weg zu nehmen. Manche sind beinahe am Gipfel, aber manche kehrten auch zurück und sagten, dass die Route über die Serpentinen zu lange dauern würde. Was rätst du uns? Wie halten wir den langen Weg durch?"
Der Alte dachte kurz nach und sagte: „Wann immer euch der Weg lang erscheint, dann seht hoch zum Gipfel. Da wollt ihr hin, das ist euer Ziel. An den Tagen, an denen euch die Motivation fehlt, kann ich nur raten: Gönnt euch eine Pause, aber bleibt zäh und hartnäckig."

Die Menschen bedankten sich und setzten ihre Wanderung fort. Nachdem es zunächst gut lief (die Sonne schien, aber nicht zu heiß), wurde es steiler und auch windiger. Die beiden erinnerten sich an den Ratschlag „zäh und hartnäckig".

Der erste Mensch interpretierte das so, das die Art seines Marschierens sein sollte. Also ging er schneller bzw. wollte immer noch schneller gehen. Als es aber steiler und steiniger wurde, ermüdete er, gönnte sich aber trotzdem keine Rast und trieb sich immer weiter.

Er kam zwar voran, doch die Freude am Aufstieg war ihm völlig abhanden gekommen. Ständig dachte er darüber nach, ob er wohl genug Kilometer pro Tag machte und wie lange es wohl noch dauern würde, bis er endlich am Gipfel wäre. Er hatte keinen Blick mehr für eine schöne Aussicht, für Flora und Fauna. Wenn er zwangsweise doch Pause machen musste (jeder muss mal essen, pinkeln oder schlafen), dann hatte er ein ungutes Gefühl. Er dachte, er sollte jetzt eigentlich weitermarschieren. Verbittert und mit verkniffenem Gesicht raffte er sich wieder auf. Es kam, wie es kommen musste: Sein Körper versagte ihm den Dienst. Er war sehr zornig und ärgerte sich über alle Wanderer, die ihn nun überholten. Schließlich war er so fertig, dass er aufgab und die Tour abbrach. Auf dem Rückweg erzählte er jedem, wie schwer der Berg sei und wie unmöglich, ihn zu bezwingen.

Was tat der andere Wanderer?
Er ließ es zunächst auch flott angehen, denn wie allen Neuanfängen wohnte auch diesem ein Zauber inne. Aber dann wurde er gemächlicher, ihm war klar geworden, dass er dieses flotte Tempo nicht durchhalten würde. An manchen Tagen wanderte er ganz langsam, an anderen etwas zügiger. Manchmal verlor er ein klein wenig die Motivation. Dann baute er sein kleines Zelt auf und campierte ein paar Tage. Für ihn war das in Ordnung. Nur nicht wieder rückwärts gehen. Zähigkeit bedeutete für ihn, egal wie lange er auch pausieren würde, vergaß er aber niemals, auf den Gipfel zu blicken und sich daran zu erinnern, dass er dorthin unterwegs war. Dass es für ihn nicht in Frage kam zurückzuweichen. Und selbst als es ganz hart wurde (ein Sturm wehte sein kleines Zelt ein Stück den Berg hinunter), sagte er sich, dass er diese Etappe eben ein zweites Mal bewältigen würde,

sobald er sich von dem Sturm erholt hat. Und so wanderte er nach dem Rückfall fröhlich weiter. Gefiel es ihm an einer Stelle besonders gut, genoss er den Ausblick und ging eben langsamer. An anderen Tagen hatte er Wanderlust pur und er stürmte voran. Egal wie weit er an einem Tag kam, er machte sich darüber niemals Gedanken. Ob viel oder wenig, er freute sich über jede Etappe.

Seine Interpretation von Hartnäckigkeit brachte ihn am Ende zum Gipfel. Einen Fuß vor den nächsten setzen. Jede Zwangspause zulassen und sein Ziel niemals aus den Augen zu verlieren.

Das Ziel

Nur wer ein Ziel hat – kann es auch erreichen.
Kein Ziel ist zu groß, zu hoch, zu weit. Also bitte, sei nicht bescheiden!

Wovon träumst du? Wie möchtest du gern aussehen? Welche Kleidung möchtest du in Zukunft tragen? Unter deinen Reserven ist dein schlankes Ich hellwach. Unter dem Zuviel lebt schon lange ein schlankes Wesen, das du nur zum Vorschein bringen musst. Schließ die Augen und versuche dir vorzustellen, wie dein Körper ohne überflüssige Reserven aussehen wird. Du musst dieses Bild von deinem schlanken Körper unbedingt manifestieren. Wie fühlt er sich an? Beim Gehen, Treppensteigen, Laufen? Nur wenn du ein festes Bild von dir und deinem Ziel hast, wirst du auch wie ein schlanker Mensch essen können. Nämlich ***alles***, und vor allem ohne schlechtes Gewissen. Ohne Angst, ohne Reue, mit Genuss und jeder Menge Spaß.

Nur wer sein Ziel ganz fest vor Augen hat, wird es spielend erreichen.

Ziele haben die Tücke, oft nicht auf dem direkten Weg erreichbar zu sein.
Das aber macht sie doch so interessant.
Die kleinen Umwege, Stolpersteine, Gruben und Löcher nennt man ***LEBEN***!

Wer darauf wartet, dass sein Ziel ihn erreicht, verpasst das Leben!

Wer aufgibt, hat nichts vom Leben.
Wer sich durch Stolpersteine aus der Bahn werfen lässt, wird sein Ziel niemals erreichen.
Dabei sind all die Tücken auf dem Weg zum Ziel absolut nichts Negatives, ganz im Gegenteil! Sie sind ***Chancen*** zu lernen, sich selbst kennen zu lernen und schließlich an ihnen zu wachsen.

Ziele = Leben!

Sagst du dir, na ja, ich probier das jetzt mal, dann wirst du der ewige „Probierer" bleiben, und dein schlanker Körper unter den Reserven.
Entweder du hast ein Ziel oder du hast keines.
Ein kleines, aber mächtiges Wort, das alle erfolgreichen Menschen kennen, immer und immer praktizieren, ist der einzig wahre Schlüssel zum Erfolg.
Dieses kleine Wörtchen heißt: ***T-U-N***. Einfach nur, schlicht und ergreifend, ***TUN***. Du musst es tun, nicht nur probieren! Du musst schlank werden wollen. Lass dein schlankes Ich nach draußen. Fühl dich und hadere nicht länger mit deinen Reserven. Sie sind wertvoll und im Grunde nur gut gemeint. Sie befinden sich jetzt noch über deinem schlanken Körper. Haderst du mit ihnen, kannst du sicher keine guten Gefühle entwickeln. Keine Freude und kein positives Denken.

Die zehn wichtigsten Gebote

hätten sicher ohne Erklärung aufgereiht eben nicht geholfen, dir die Mechanismen der Natur und somit die Entscheidung über Zu- und Abnahme zu verdeutlichen. Egal was die lieben Kritiker schreiben. Trotzdem noch einmal, vielleicht für die Pinnwand?

1. Streiche das Essen aus deinem Lebensmittelpunkt!
Essen wird heute total überbewertet und mutiert mehr zum Gegner als zum Verbündeten. Aus dem Lebensmittelpunkt verschwindet es nur dann, wenn die Angst verloren gegangen ist. Essen macht nicht dick, nur das Zuviel, Wie und Wann sorgt für die Einlagerung.

2. Essen ist Benzin!
Essen ist Benzin für unseren Motor, nicht mehr und auch nicht weniger! Wenn wir aus Frust essen, sogar gleichzeitig Angst haben, davon dick zu werden, dann sorgen wir letztendlich über diese Gefühle dafür, dass der Körper die Nahrung einlagert.

3. Verbiete dir nichts mehr!
Wer sich Lieblingsspeisen verbietet, weckt nur die Gier danach. Es kommt nicht darauf an, was sich auf dem Teller befindet, sondern wie viel. Auf den Körper zu hören, nicht weiter zu essen, nur weil es so gut schmeckt, ist das Geheimnis schlanker Menschen.

4. Zähle keine Kalorien mehr!
Den wahren Kalorienwert kann man tatsächlich nicht errechnen. Wer sein Essen in Kalorien zerpflückt, verliert das Verhältnis dazu und schürt die Angst.

5. Frühstücke gut, nimm dir die Zeit!
Wer nicht frühstückt, hat keine Chance, auf natürliche Weise schlank zu werden. Signalisieren wir dem Körper schon morgens eine Hungersnot, dann wird er sich nicht von seinen wertvollen Reserven trennen. Also: Etwas früher aufstehen, es lohnt sich!

6. Iss über den Tag verteilt mehrere kleinere Mahlzeiten!
Lieber öfter ein wenig essen als nur drei Mal und dann viel zu viel! Das Zuviel wird eingelagert, das „öfter" sicherlich nicht.

7. Iss nicht mit Heißhunger!
Wer mit Heißhunger und Gier isst, darf sicher sein, dass der Körper geneigt ist, das Gegessene sofort einzulagern. Heißhunger ist die Steigerung einer Notsituation. Bei Heißhunger erst einmal etwas trinken, bis sich der Magen beruhigt hat.

8. Iss langsam und nicht über das Sättigungsgefühl hinaus!
Wer zu schnell isst, spürt nicht, wann er eigentlich genug hat.
Der Körper speichert vom Mittagessen aber nur die Portion, die über das Sättigungsgefühl hinaus gegessen wird. Deshalb: Langsam essen und dabei in sich hineinhorchen.

9. Nutze deine Fettverbrennungsmaschine!
Wenn man den Tag beendet und sich aufs Sofa begibt, sollte auch der Magen Feierabend haben. Dann arbeitet die Fettverbrennung in der Nacht am effektivsten.

10. Quäle dich niemals!
Wenn du schon einen Schokoriegel „sündigst“, dann genieße ihn auch! Niemals darf das Gefühl aufkommen, Verzicht üben zu müssen. Die wenigsten Menschen sind geborene Asketen. Verzicht stellt die entbehrten Dinge automatisch in den Mittelpunkt. Also: Wenn schon die Schokolade und das dicke Eis, dann bitte mit gutem Gewissen und jeder Menge Genuss.

Die Erfolgsbeschleuniger und...

...das elfte Gebot

Bitte überlies dieses Kapitel nicht, nur weil es mit dem Wort „Bewegung" beginnt. Ich habe sicher nicht vor, dich täglich 500 Treppenstufen hinaufzujagen oder zum Joggen zu überreden. Ich möchte dich nur motivieren, deinen Körper kennen zu lernen, ihm zu vertrauen und seine Bedürfnisse zu erfüllen.

Wie wichtig ist Bewegung?

Sehr wichtig! Aber aus ganz anderen Gründen, als du jetzt denkst, also lies bitte weiter. Wenn Krankenkassen, Ärzte, Ernährungs- und Fitnesspäpste Sport empfehlen, dann denken sie immer an ein fettes Paket verschwitzter Kalorien. Dicke sollen sich gefälligst bewegen, damit all die vielen Torten und Schweinshaxen aus den Körpern verschwinden, die sie ständig in sich hineinfressen. Gepaart mit „vernünftiger" Ernährung (und das ist dann meist eine Diät) *müssen* die Pfunde doch (ver)schwinden.
Das funktioniert auch, zumindest was den kurzzeitigen Verlust an Körpergewicht angeht. Die Waage schreit Hurra! Leider besteht der Verlust zum Großteil aus Wasser und Eiweiß. Der Körper fühlt sich nämlich in eine Notsituation versetzt und trennt sich vor seinem Fett erst einmal von seinen Muskeln und dem überflüssigen Wasser.
Zum eingeschränkten Essen und dem Verzichts-Kopfkino kommt nun auch noch die körperliche Arbeit. Ich höre Mutter Natur schon rufen: *„Hilfe, meine wertvollen Reserven!"* Mama gibt nicht gerne ab, schon gar nicht, wenn sie durch den aufgezwungenen Sport davon überzeugt wurde, sehr gut mit ihren Energien haushalten zu müssen.
Kurzerhand verstärkt sie eine natürliche Sperrhilfe. Den Einsparmechanismus, den jeder kennt, der sich oft zum Sport zwingt, weil er möglichst schnell abnehmen möchte. Diese Sperre ist bekannt als ...

... der innere Schweinehund
Sport ist Mord - Breitensport ist Massenmord

Mit den besten Vorsätzen beginnt dein Tag. Gut gelaunt und motiviert willst du heute Abend auf jeden Fall noch walken, joggen, schwimmen oder ins Fitness-Studio gehen. Frohen Mutes und beschwingt fährst du nach Feierabend heimwärts. Doch kaum fällt die Wohnungstür hinter dir zu, macht sich an deren Schwelle ein riesiges Tier breit.

Gähnend schaut es dich an, gurrt und flüstert eindringlich: *komm, leg dich doch hin, du hast heute so viel gearbeitet. Mach es dir bequem, schalte die Glotze ein, hol dir etwas Leckeres zu essen und genieße den Abend – zu Hause.*
Du kannst morgen auch noch sporteln, oder übermorgen. Schau, es ist so schön daheim. Lust hast du sowieso keine und zwingen sollte man sich zu nichts. Irgendjemand hat doch einmal darauf hingewiesen, dass wir in hundert Jahren alle tot sind".

Du überlegst hin und her. Je mehr Zeit verstreicht, desto größer wird das Tier am Eingang. Bis es schließlich zu einem stattlichen Monster angewachsen ist. Nun kannst du beim besten Willen nicht mehr darüber hinwegsteigen. Seufzend bleibst du zu Hause. Allerdings nicht ohne zehn heilige Eide zu schwören, am nächsten Tag das Versäumte nachzuholen.

Auf dem Sofa liegend, überkommt dich irgendwann das Gefühl des Versagens. So wirst du es niemals schaffen abzunehmen, träge wie du bist. Mensch, andere können es doch auch, gehen Inline-Skaten oder zum Aerobic. Nur du hast es wieder einmal nicht geschafft, lümmelst hier faul herum. Vielleicht liegt ein wenig Trost im Kühlschrank? Das restliche Eis von gestern? Die übrigen Nudeln oder eine Tafel Schokolade? Die Laune ist endgültig im Keller, Frustessen angesagt.
Warum? Weil du den großen Fehler gemacht hast, Mutter Natur und ihre schlauen Mechanismen überlisten zu wollen, und das mit den völlig falschen Mitteln.

„Gratuliere, du hast deinen Schweinehund zu einer stattlichen Größe trainiert."

In Urzeiten war der „Schweinehund" tatsächlich überlebenswichtig.
Niemand konnte tagelang auf Beutezug gehen oder Feinde bekämpfen, ohne auch mal auszuruhen. Verlor der Körper sehr viel Energie, setzte er, um sein Überleben zu sichern, den Einsparmechanimus in Gang. Diese spürbare und unglaublich schwer zu überwindende Bewegungshemmschwelle, die mit einem starken Magneten zum Faulsein und Müßiggang ausgerüstet ist, gibt es also schon sehr lange. Erst viele tausend Jahre später wurde dieser Mechanismus „innerer Schweinehund" getauft. Igitt, so ein hässliches Wort für eine so wichtige Funktion.

Du hast immer wieder Energie durch Diäten verloren? Hast Nahrung durch Eiweißpulver oder Kohlsuppe ersetzt, verzichtet und gehungert, und wolltest auf diesem Weg auch noch Reserven verlieren? Gratuliere, du hast deinen Schweinehund zu einer stattlichen Größe trainiert.

Ihn auszutricksen ist trotzdem einfach, mit dem Kopf, deiner Zentrale für alle Abläufe im Körper.
Sei schlau, liefere deinem Körper den Beweis, dass er

1. seine Reserven nicht mehr braucht und sie ihn
2. sogar an deinem Überleben hindern!

Wie Punkt eins zu schaffen ist, weißt du nun. Einfach durch regelmäßiges Essen.
Punkt zwei ist noch einfacher. Fang an zu walken, aber fang ***mit der richtigen Motivation an!***

„Die Faulsten in meiner Gruppe waren oft die besten Abnehmer."

Das Verbrauchen von Schwitz-Kalorien ist die falsche Motivation. Du wirst mit großer Wahrscheinlichkeit sehr schnell an deinem Energiespar-Schweinehund scheitern. Wirst dich, völlig zu Unrecht als Versager(in) fühlen. Das wird Frust auslösen; Frust signalisiert *schlechte Zeiten* und klammert die Reserven effektiv an deinen Körper.

Fang vielmehr an zu walken, weil du deinem Körper beweisen möchtest, dass du nun öfter laufen musst, und deine Reserven zu schwer für dieses Vorhaben wiegen. Walkst du regelmäßig, wird etwas Wunderbares geschehen. Mutter Natur wird dich peu á peu vom überflüssigen Gewicht auf deinen Gelenken befreien. Nicht nur die gut gelaunt verbrauchte Energie lässt jetzt die Pfunde purzeln, sondern zusätzlich ihr Selbstschutzmechanismus. Sie entlastet schlicht und ergreifend deine Knochen, macht dich zum Jäger und wird, wie immer, für dich reagieren. Du musst nichts weiter tun, als Überzeugungsarbeit zu leisten.
Fang ruhig klein an, aber fang an, und falls du gute Schuhe hast, fang heute noch an.
Walken kann jeder und es gibt kaum einen körperlichen Grund, es nicht zu tun. Du kannst dich mit einer Freundin treffen, mit dem Hund ausgiebig gehen, mit deinen Kindern, deinem Partner, mit toller Musik aus dem Walkman (schüttet noch mehr Endorphine ins Blut) oder mit dir und deinen fröhliche Gedanken. Du brauchst keine spezielle Kleidung, außer eben gute Schuhe. Darin solltest du auf jeden Fall investieren. Schlechtes Wetter gibt es auch nicht, nur die berühmte schlechte Kleidung.

Die Faulsten waren oft die besten Abnehmer in meinen Gruppen. Aber sie hatten dafür den Vorteil, alle anderen Dinge logisch umsetzten zu können, fröhlich und gelassen ihr Ziel ins Visier zu nehmen. Je schlanker der Körper ist, je weniger ein Zuviel an Gewicht die Gelenke tatsächlich belastet, desto weniger wird der Entlastungs-Schutzmechanismus schalten.

Ein paar Reserven an den Hüften und um den Bauch findet Mutter Natur recht ansprechend.
Trotzdem ist Walken *immer* eine klasse Geschichte, auch für die schlanken Menschen. Der Mensch ist auf diese Bewegung ausgelegt, und keinesfalls aufs Autofahren. Viele Ernährungs- und Erhaltungsabläufe funktionieren ausschließlich über natürliche Bewegung. Knorpel, Sehnen, Bänder, Muskeln, Venen und Arterien, Herz und Lunge, das ganze System wurde dazu erschaffen, weite Strecken zurücklegen zu können.
Heute bewältigen wir Strecken mit Hilfe von Rolltreppen, Fahrstühlen, Autos und anderen bequemen Fortbewegungsmitteln. Sie haben unseren Beinen die Arbeit weitgehend abgenommen. Schön, aber für den Körper wirklich fatal. Mutter Natur hat ihn noch nicht an diesen Luxus angepasst. Uns wachsen weder ans Gaspedal geformte Plattfüße noch schrumpfen wir, um besser ins Auto zu passen.

„Es ist kein Schweinehund. Es ist ein Schutzhund."

Deinen Schweinehund schlägst du am besten mit klugen Waffen. Mach ihn einfach zu deinem Verbündeten. Wie?!
Du solltest ab sofort in diesem Tier nur noch das Positive sehen. Es ist kein Schweinehund, sondern ein Schutzhund.
Jemand, der auf dich aufpasst, der dich mag und nicht möchte, dass du dich übernimmst und es dir womöglich schlecht geht.

Schutzhund und Schludertag passen übrigens prima zusammen. Nicht weniger verstehen sich Schutzhund und Fettverbrennungsmaschine. Jede Kombination ist klasse! Nimm deinen Schutzhund zweimal in der Woche an die Leine und gehe mit ihm nach draußen. Leg dich mit ihm an anderen Tagen bequem aufs Sofa, kraule ihn und füttere ihn an den Schludertagen mit Leckerlis. Aber sieh ihn nicht mehr als deinen Feind. So wird er klein und anschmiegsam und er kann dir schon deshalb nicht mehr im Weg liegen, weil du ihn einfach mitnimmst.
Du bist nicht faul, nicht mehr oder weniger als andere Menschen auch. Du hast nur deinen Schutzhund durch den Druck, Sport machen zu müssen, um abnehmen zu können, groß gezüchtet.

Trotzdem, in meinen Gruppen fördere ich die Bewegung sehr. Jeder Gruppenleiter bietet deshalb pro Woche eine Walkingstunde an und motiviert die Teilnehmer zudem, sich auch außerhalb der organisierten Stunden zu treffen um miteinander zu sporteln.

Die letzte Seite der Teilnehmer-Motivationsmappe enthält einen „Bewegungskalender". In die Tabelle werden jeden Tag Punkte eingetragen. Leser und Forenmitglieder haben diese Punkte *Movies* getauft. „Movie" soll sich auf das englische Wort „to move", also bewegen, beziehen.

Movies kann man nicht nur fürs Walken sammeln, sondern für jede Art von Bewegung, solange man sie ganz bewusst tut.

Was möchte ich damit erreichen? In erster Linie keinesfalls die schnelle Abnahme, sondern vielmehr ein völlig neues, positives Körpergefühl.
Ich weiß, wie auch die meisten, bestens informierten Übergewichtigen es wissen, dass eine kräftigere Muskulatur natürlich den Grundumsatz erhöht. Der Körper braucht mehr Energie, um seine Lebensfunktionen aufrechtzuerhalten.

Dichtere Muskulatur erhöht selbstverständlich auch die Ausschüttung des HGH. Für ein bequemes Abnehmen im Schlaf ist dies ein nicht zu verachtender Aspekt. Menschen, die sehr schwer sind und über Jahre viele Reserven mit sich herumtragen, schütten leider verhältnismäßig wenig HGH ins Blut. Für sie ist der Aufbau der Muskulatur also elementar.

Das Körpergefühl ist trotz all den anderen, positiven „Nebeneffekten" immer noch das Allerwichtigste. Die meisten Übergewichtigen haben ein völlig gestörtes Verhältnis zu ihrem Körper. Sie schauen ihn nicht gern im Spiegel an, mögen ihn nicht, sind überzeugt davon, der Sklave ihrer Fettröllchen zu sein.

Sie haben keine Ahnung mehr, wie viel er tatsächlich imstande ist für sie zu leisten.
Bewegung soll Alltagsabläufe wieder in das (Selbst) Bewusstsein zurückholen. Jeden gerade aktiven Muskel beim Treppensteigen zu (er)spüren, beim Bügeln oder Fensterputzen, schafft nicht nur Vertrauen in seine Funktionen, sondern stimuliert tatsächlich auch sein Wachstum.

Jede bewusste Bewegung schüttet außerdem Endorphine ins Blut und Endorphine schalten die Zellen auf Energieabgabe.
Bewegung muss Spaß bringen, sonst baut auch hier der Körper seine Reserven nicht ab. Jahrelang konnte ich das im Studio beobachten. Gut gemeinte, effektive Fettstoffwechseltrainingspläne wurden für die Abnehmwilligen erstellt, der optimale Fettverbrennungspuls errechnet und ein ausgefeiltes Ernährungsprogramm gestrickt. Mit dem Ergebnis, dass stundenlang mit herabhängenden Mundwinkeln trainiert und geschwitzt wurde und dabei nicht ein Gramm dauerhaft verloren ging.

Schlechte Zeiten sind schlechte Zeiten und die werden von unseren Gefühlen signalisiert.
Ich halte deshalb nichts von erzwungenen Kniebeugen, soundso viel Treppen am Tag Steigen, von „verdonnerten" Walking- oder Joggingtouren oder von der Zwangsanmeldung in einem Fitnesscenter.
Du bist unsportlich? Es gibt keine unsportlichen Menschen!

Der Movie-(Motivations-)Plan

Im vorigen Kapitel habe ich bereits den Movie-(Motivations-)Plan erwähnt. Darauf möchte ich in diesem Abschnitt etwas näher eingehen.

Für jede Art von Bewegung gibt es Motivationspunkte, die sogenannten Movies. Für längere Bewegungseinheiten gibt es mehr Movies. Nicht grundlos natürlich.
Für die erste halbe Bewegungsstunde erntet man einen Movie, für jede weitere halbe Stunde zwei.

Nun, im Studio habe ich die Erfahrung gemacht, dass sich unter den Teilnehmern meiner Gruppen immer ein kleiner Wettbewerb entwickelt.
Der Mensch ist nun mal so gebaut. Er möchte gerne gewinnen. Der uralte „Höher-weiter-schneller-schöner-erfolgreicher-Mechanismus" greift auch hier sehr zuverlässig. Da niemand in meinen Gruppen den Ehrgeiz hat, durch hartes Training möglichst viele Kalorien zu verbrennen, stattdessen mit der *richtigen Motivation* sportelt, fördere ich den kleinen Wettkampf. Wenn ich die Teilnehmer durch die Vergabe von Movies dazu bringen kann, noch einmal 30 Minuten an die erste halbe Stunde dranzuhängen, dann tu ich das sehr gerne.
Je länger die Einheiten andauern, desto eher lässt sich Mutter Natur davon überzeugen, dass sie ihre Gelenke entlasten *muss*. Und *natürlich* wird zudem jede Menge Energie verbrannt. Der Spaßfaktor und die dadurch signalisierten *„gute Zeiten"* stehen aber absolut im Vordergrund.

Wenn du morgens gerne walken, laufen oder radeln gehst, dann brauchst du vorher nicht zu frühstücken. Vorausgesetzt, du gehst innerhalb der ersten halben Stunde nach dem Aufstehen aus dem Haus.
Jede Art von Sport am Morgen bringt deinen Stoffwechsel auf Hochtouren. Vergiss aber nicht das Frühstücken, wenn du nach Hause und aus der Dusche kommst. Den Körper jetzt hungern zu lassen macht den schönen Effekt zunichte.

Die heilige Gesundheit

Früher gingen die Menschen in die Kirche. Sie beteten gemeinsam zum lieben Gott, dankten ihm für seine Gaben und baten ihn um Hilfe, wenn dies nötig war.
Das schuf ein großes Gemeinschaftsgefühl, schweißte sie zusammen, gab ihnen Kraft und Zuversicht, ihr Leben und den Alltag zu meistern.

„Heute beten viele Menschen ihre Gesundheit an. Sie wollen möglichst kerngesund, mindestens 25 Jahre jünger aussehend und vor allem topfit im Alter von 117 Jahren sterben."

Bis dahin investieren sie viel Zeit und Geld in Produkte, die sie jünger, schöner, leistungsfähiger, intelligenter und auch ärmer machen. Leider vergessen sie dabei vollkommen zu leben.
Eine neue und inzwischen anerkannte Krankheit *Orthorexia nervosa* greift langsam, aber sicher um sich.
Symptome? Extreme Fixierung auf die Auswahl gesunder, hochwertiger und schlankmachender Lebensmittel.
Der übertriebene Ehrgeiz, sich nur noch gesund, voll- und hochwertig zu ernähren, macht diese Menschen, im Übrigen in der Mehrzahl hoch gebildete Frauen, eher krank - *gesundheitskrank.*

Essen wird nicht mehr als wohlschmeckender Brennstoff für den Körper oder geselliger Ritus, sondern als Anti-Aging, - Anti-Krebs, - Anti-Vitaminmangel - und Anti-Spurenelementemangel-Medizin betrachtet. Freude am Genuss? Fehlanzeige.
Der überinformierten Mensch isst nicht mehr, um zu leben, er isst nur noch, um möglichst lange und gesund zu überleben.
Die neue Krankheit wird neuerdings in einem Atemzug mit Bulimie und Magersucht genannt. Völlig zu Recht.
Der Einkauf, die Planung, die Zubereitung und der Verzehr von Nahrungsmitteln nehmen einen völlig unnatürlichen Raum im Leben dieser Menschen ein. Das geht so weit, dass sie irgendwann keine Essens-Einladungen mehr annehmen, sich gesellschaftlich isolieren, am Ende Freunde und Verwandte verlieren. Und die Gesellschaft ist schuld daran.

Streiche das Essen aus dem Lebensmittelpunkt. Das erste meiner zehn Gebote. Es hilft nicht beim dünnerwerden, wenn du Essen zu wichtig machst. Für natürlich Schlanke ist Essen selbstverständlich.

Während Bulimie-(Ess-Brech-Sucht-)Kranke und Magersüchtige (anorexia nervosa) sich auf die Menge des Essens konzentrieren, sind an orthorexia nervosa Erkrankte auf dessen Qualität fixiert. Allen drei Krankheitsbildern jedoch ist gemeinsam, dass der Nahrung ein übertriebener Platz im Leben eingeräumt wird[7].

Du bist schlank.

Der Abnehm-Weg, den *ich* propagiere und den schon viele hundert Menschen erfolgreich beschritten haben, ist nicht für jeden geeignet. Ob- und wie schnell du abnehmen wirst, hängt von deiner Bereitschaft ab, dich von den Angst machenden und lebenseinschränkenden Überinformationen zu befreien. Von deinem Ziel und deinem Willen, dieses Ziel auch (mit dem einen oder anderen außergewöhnlichen Umweg) erreichen zu wollen. Etwas Geduld ist gefragt und jede Menge Vertrauen in deinen Körper.
Die Lebensqualität, die du durch das Abschütteln aller Ernährungs-Zwangsjacken gewinnen wirst, lässt sich nicht einmal in verlorenen Pfunden berechnen.
Oft passiert es meinen Teilnehmern, dass die Abnahme völlig in den Hintergrund rückt, sobald sich die wieder gewonnene Freiheit ins Bewusstsein schleicht.

Stell dir vor, du wachst morgen früh auf und hast dein Traumgewicht schon erreicht. Was würdest du tun?
Ins Schwimmbad gehen? Zum Shoppen? In die Disko?
Ins Theater? Zum Sport? Alte Freunde besuchen?

Dann tu es ***heute*** und mach diese Freuden nicht von einer Zahl auf der Waage abhängig.

Wenn du schlank sein möchtest, dann benimm dich ab sofort so, als wärst du es schon. Vor allem beim Essen. Schau dich in der Kantine und bei deinen Bekannten um.

Wie benehmen sich die natürlich Schlanken unter ihnen am Tisch? Achte auf deren Gesichtszüge im Restaurant, auf die entspannte Körperhaltung. Sie denken nicht an Kalorien und Fettpunkte. Sie genießen ihr Essen ganz einfach nebenbei. Es ist etwas Selbstverständliches, Genussvolles, Alltägliches.
Mach dir dieses Verhalten zu Eigen. Kopieren ist erlaubt, sogar erwünscht.

„Oft passiert es meinen Teilnehmern, dass die Abnahme völlig in den Hintergrund rückt, ...

Sei vor allem deinen Kindern ein Vorbild. Lass ihnen das unbedarfte Essen. Kinder lernen durch Prägung, und das schon in einem Alter, wo man ihnen nur wenig Verstand zutraut. Wenn die Mama mit Sorgen und Ängsten am Tisch isst, Diäten ein ewiges Thema sind, dann werden diese Ängste und das gestörte Verhältnis 1:1 an die Kinder weitergegeben. Sätze wie: *„oh Gott, ich bin viel zu dick!"* sind Aussagen, die nicht für Kinderohren bestimmt sein sollten. Heute hört man sie schon von spindeldürren Grundschülerinnen auf dem Schulhof.
Der Eingang in einen Teufelskreis befindet sich sehr oft zu Hause am Esstisch. Essen ist selbstverständlich, nichts Besonderes, weder Belohnung noch Bestrafung. Essen ist lecker, aber wer Essen zu wichtig macht, der fährt irgendwann im Diätenkarussell mit.
Am Ende werden Kinder davon dick, und nicht von Chips, Genetik und Eiscreme.

... sobald sich die wieder gewonnene Freiheit ins Bewusstsein schleicht."

Du bist schlank und Schlanke haben kein Problem damit, in der Öffentlichkeit zu essen. Deshalb keine Angst vor blöden und provokanten Blicken. Menschen hacken nun mal gerne auf vermeintlichen Fehlern und Schwächen anderer herum. Der uralte Mechanismus *„Ich bin stärker als du und sortiere dich aus"* greift wieder. Meist weil gerade diese Menschen sich im Innern schwach und unzulänglich fühlen. Wenn dich also jemand anstarrt, nur weil du gerade herzhaft in einen Hotdog beißt, dann hat der Starrende

a) seine Kinderstube mit dem Düsenjet durchflogen und
b) ein echtes Problem mit sich selbst! Du hast keines, schon gar nicht weil du gerade isst. Essen ist überlebenswichtig und selbstverständlich.

Der Eingang in einen Teufelskreis befindet sich sehr oft zu Hause am Esstisch. Essen ist selbstverständlich, nichts Besonderes, weder Belohnung noch Bestrafung. Essen ist lecker, aber wer Essen zu wichtig macht, der fährt irgendwann im Diätenkarussell mit.
Am Ende werden Kinder davon dick, und nicht von Chips, Genetik und Eiscreme.

Dicke Kinder – ein Problem?

Doris und Eva sind beste Freundinnen, die mit beiden Beinen fest im Leben stehen. Beide haben Kinder im Teenialter und beide gehörten mit zu den ersten Leserinnen meines Buches *„Warum essen nicht dick macht"*.
Und beide lernte ich nach einigen E-Mailwechseln persönlich kennen.
Eva erzählte mir im Laufe des Nachmittags, dass sie als Kind Zucker statt Liebe bekommen hatte. Die Eltern hatten wenig Zeit oder Lust, sich um die Kinder zu kümmern. Körperliche Nähe und Zärtlichkeiten kannte Eva nicht, stattdessen gab es jede Menge Kuchen und Schokolade. Eva litt als Kind sehr darunter, erst recht als sie immer dicker wurde und zum Liebesentzug der Mutter auch noch Beschimpfungen dazukamen.
Schon damals nahm sich Eva fest vor, mit ihren eigenen Kindern einmal alles besser zu machen.
Auch Doris wollte nicht, dass ihre eigenen Kinder dick werden.

Auch sie nahm sich fest vor, alles dafür zu tun, ihnen den Frust zu ersparen, die dickste Kinder in der Klasse zu sein.
Eva gab ihren Kindern Liebe statt Bonbons. Sie ließ sie unbeschwert aufwachsen. Nahm sich Zeit für sie, ersparte ihnen Essensvorschriften und das Thema Gewicht und Gewichtsproblem war zu Hause ausgeklammert. Essen und Süßes waren Selbstverständlichkeiten.
Auch die Kinder von Doris wuchsen behütet in einer intakten Familie auf. Doris achtete auf eine gesunde, ausgewogene Ernährung, mied beim Einkaufen die Süssigkeiten- und Knabberregale und schickte ihre Kinder in Sportvereine.
Aus politischer und ernährungswissenschaftlicher Sicht hat Doris alles richtig gemacht und trotzdem dicke Kinder.
Aus den dünnen Kleinkindern von Eva wurden schlanke Teenager.

Dicke Kinder, dünne Erkenntnis

Von Brigitte Neumann

Im Sommer 2003 lief Renate Künast zur Höchstform auf. Mit dem Kongress „Kinder-leicht. Besser essen – mehr bewegen" gab die Verbraucherministerin den Startschuss zu einer umfassenden Kampagne gegen Übergewicht im Kindes- und Jugendalter. Schließlich warnt die Weltgesundheitsorganisation (WHO) schon seit vielen Jahren vor einer weltweiten Adipositas-Epidemie und fordert eindringlich zum Handeln auf.

„Dicke Kinder haben schlechtere Startchancen im Leben", beklagt Künast. Deshalb sei es für sie eine Frage der Gerechtigkeit, sich des Themas anzunehmen. Die wichtigste ernährungspolitische Herausforderung bestehe darin, „Übergewicht" bei Kindern zu bekämpfen und „gesunde Ernährung" zu fördern. Und die Ministerin setzt noch eins drauf: Eine amerikanische Studie habe unlängst gezeigt, „dass adipöse Kinder, die in Krankenhäusern behandelt werden, genauso unglücklich sind wie krebskranke Kinder in einer Chemotherapie". Warum eigentlich? Könnte das nicht daran liegen, dass unsere Gesellschaft ihre dicken Kinder stigmatisiert?

Schuldiger Schokoriegel

Die Strategie der Ministerin scheint so einfach wie einleuchtend. Schließlich sind die üblichen Verdächtigen schnell gefunden: Fast-Food-Restaurants, Süßigkeiten, Softdrinks sowie Kinderlebensmittel. Und natürlich essen Kinder heutzutage zu fett, zu süß, zu wenig Obst bzw. Gemüse.

Ihre Eltern hingegen sind anscheinend unfähig, sie so zu erziehen, dass das höchste Glück der lieben Kleinen in einem Teller Rohkost zum Knabbern besteht.

Deshalb setzt Künast auf Kindertagesstätten und Schulen. Die Curricula für umfassende Ernährungsprogramme sind bereits geschrieben. Mit allen Sinnen sollen künftig schon die Kleinsten erkennen, wie gut die Vegetabilien ihrem Körper tun. Auf der anderen Seite wird ihnen beigebracht, dass ein Hamburger pappig, fettig und nicht begehrenswert ist, fettarme Milch besser schmeckt als Vollmilch und der leckere Schokoriegel ihrem Körper schadet, weil er zu viele Kalorien enthält. Kinder sollen am eigenen Leib erfahren, was nach Meinung der Erwachsenen unter gesunder Ernährung zu verstehen ist – und dabei auf Gaumenkitzler wie Süßigkeiten, Chips und Bratwurstbrötchen verzichten.

Wenn es doch so einfach wäre. Mit unzähligen Varianten dieses Schemas versuchen sich nahezu 200 Institutionen seit fast drei Jahrzehnten daran, Kinder dünn zu trimmen. Allem Anschein nach mit dem Ergebnis, dass dicke Kinder immer schwerer werden.

Paradoxerweise können die Verursacher des „Übergewichts" nicht einmal eindeutig am Essen der Kinder festgemacht werden. Vertilgen nach einer Kieler Untersuchung dünne Kinder doch genauso viel Schokolade, Fast Food, Pommes und Cola wie dicke. Das Forschungsinstitut für Kinderernährung in Dortmund zeigt, dass der Fettverzehr von Kindern in den letzten Jahren rückläufig ist.

Fette Angst

Doch das passt nicht ins Bild der Experten von Kiel bis München. Sie schließen sich der Ministerin an, die neben weniger Fett im Schokoriegel ein cooles Image für Ka-

rotten und Kohlrabi fordert. Außerdem müssten in den Schulen wieder Grundkenntnisse des Kochens vermittelt werden. Wer aber auf diese Weise Kindern gleichzeitig diktiert, was ihnen zu schmecken hat, und Lebensmittel kategorisch in „gut" und „böse" einteilt, provoziert damit ein sehr ambivalentes Verhältnis zum Essen. Denn die „bösen" Nahrungsmittel schmecken häufig nicht nur gut, sondern sogar besser. In den USA zeichnen sich die Ergebnisse intensiver Ernährungserziehung hin zu fettarmer Gesundkost längst ab: „Amerikas Kinder fürchten sich davor zu essen", erklärt Francie M. Berg, amerikanische Ernährungswissenschaftlerin an der medizinischen Fakultät von North Dakota und seit mehr als zwanzig Jahren mit der Problematik des „übergewichtigen Kindes" befasst. Diese Angst nehme die Kinder gefangen, zerstöre ihre Jugendjahre und sogar ihr ganzes Leben. „Sie ist eine Besessenheit, die ihre Freude ebenso dämpft wie ihre Wissbegierde, ihre Energie und ihren Sinn für das Normale", so Berg.

Freiräume statt Regeln

Essen wie im Schlaraffenland – schon das Märchen zeigt, dass das auf Dauer unbefriedigend ist. Um den übervollen Tellern zu entfliehen, strampelt sich der Held seine Pfunde wieder ab. Unsere Kinder jedoch können nicht aus einer Welt fliehen, die ihnen einerseits berstend volle Lebensmittelregale präsentiert und sie andererseits rügt, wenn sie nach Herzenslust zugreifen wollen.

Je mehr ihnen „gesunde Ernährung" aufgezwungen wird, umso schwerer können sie ein natürliches Essverhalten entwickeln, das aus sich selbst heraus Maß und Ziel findet. Was für die Ernährung gilt, trifft auch auf die Bewegung zu. Schon als kleine Babys werden Kinder im Babysafe festgeschnallt, statt ihre Welt krabbelnd zu erkunden.

Später brauchen sie dann Ergotherapie, um ihre Körperwahrnehmung zu trainieren. In der Schule werden sie wiederum zu ruhigem Sitzen verdammt. Zu Hause schließlich baut sich am Computer eine virtuelle Welt auf, in die sie vor den Realitäten fliehen können – oder per Knopfdruck sogar dort vorgeschrieben bekommen, wie gesunde Ernährung zu funktionieren hat.

Der Hirnforscher und Neurobiologe Gerald Hüther brachte das Problem jüngst auf den Punkt: „Wollen wir dressierte Kinder, die wie Automaten das tun, was wir von ihnen verlangen? Dann sollten wir Druck machen. Oder wollen wir selbstbewusste und neugierige Kinder, die sich ihrer eigenen Kreativität bewusst sind und die Welt erkunden wollen? Dann sollten wir ihnen Gelegenheit dazu bieten. Mit Möhren, Pommes und Pizza, mit Äpfeln, Bratwürsten und Chipstüten, mit Vollmilch, Wurst und Käse, mit inneren und äußeren Freiräumen für Lust auf Essen und Bewegung. Die andere Alternative wäre, auf dem verbraucherpolitisch propagierten Weg in die Sackgasse voranzuschreiten und es dann als Fortschritt zu bezeichnen, am Ende angelangt zu sein.

Offener Brief an Bundesverbraucherschutzministerin Renate Künast:

Sehr geehrte Frau Ministerin Künast,

gerne möchte ich Ihnen meine Gedanken zu Ihrer Kampagne gegen Übergewicht im Kindes- und Jugendalter mitteilen und ich rufe Ihnen daher zu:

Lassen Sie die Kinder in Ruhe!

Schauen Sie über den Großen Teich. Dort wurde all das, was Sie nun mit unserem dicken Nachwuchs vorhaben, schon betrieben. Vergeblich!
Es sind nicht die Hamburger, es sind nicht die Schokoriegel, es sind nicht die Pommes, die unsere Kinder dick machen!
Es sind unter anderem die falschen Informationen, die mit politischer Hilfe und Unterstützung dicke Kinder schaffen. Und dann werden diese Speck-Ergebnisse auch noch von Ihnen stigmatisiert.
Sie stecken sie in Abspeck- Kliniken, behandeln sie wie kranke Lebensversager und verlangen, dass die kleinen Körper ihren Kummerspeck aufgeben, und damit ihre natürliche Schutzfunktion!

Statt auf Ernährungswissenschaftler zu hören, sollten Sie mit dicken Eltern sprechen. Sollten sich ihre Geschichten anhören, ihre Ängste und ihre Sorgen.
„Iss deinen Teller leer!" Mit diesem Befehl wurden Kinder in Zeiten groß, als Nahrungsmittel noch wertvoll waren.
„Friss nicht so viel", so lautet in der heutigen Zeit der Tagesbefehl für die Kleinsten.
Wo es doch seit Menschengedenken für Kinder nichts Interessanteres gibt, als Regeln zu umgehen und Verbotenes heimlich zu machen. Erinnern Sie sich, sehr verehrte Frau Künast, nicht an Ihre eigene Kindheit und Jugend? Als Sie sich von Ihren Eltern abgenabelt haben? Als Sie sich die verbotene Jeans kauften, sich damit in die Badewanne legten, damit sie noch enger wurde und sexy an der Haut klebte? Als Sie Ihren ersten Joint rauchten, sich genau mit den Freunden trafen, die Ihnen Ihre Eltern verboten?
Als sie heimlich in den ersten Beatschuppen gingen, trotz Androhung von Hausarrest.
Regeln sind und waren schon immer dazu da, sie zu brechen. Ihr Kind aber soll an Sellerie nagen, während die Mitschüler in der Mittagspause das nächste Fastfood-Restaurant stürmen. Ihr Kind soll in der Pause den Karottensalat aus der Tupperschüssel gabeln, während die

Kameraden an der Milchschnitte lutschen oder das Pausengeld in ganz andere, viel interessantere Dinge investieren?

Das Abnabeln der Kinder ist ein wichtiger, übrigens von Mutter Natur bei allen Säugetierarten, vorgesehener Prozess beim Erwachsenwerden. Heute lassen sich unsere Jugendliche Löcher durch die Bauchnabel und Nasen stechen. Arschgeweihe auf den Hintern tätowieren, tragen Hosen, die in den Kniekehlen schlabbern. Weil sie sich von uns Erwachsenen unterscheiden MÜSSEN!
Bei uns war es die Wrangler Jeans und die Turnschuhe mit den drei Streifen. Die langen Haare und die Blumenkette.
Gegessen haben wir damals alles, was wir wollten. Das Schweinefleisch war viel fetter, auf den Suppen schwammen Fettaugen. Das Taschengeld wurde investiert in Mars, Chio Chips und Coca Cola. Nur, es machte sich keiner Sorgen um unsere Figur. Babyspeck war in, und nicht der Startschuss in eine frühe Diätkarriere. Denken Sie darüber einmal nach, Frau Künast.

Hochachtungsvoll,

Lena Bredow

Keine Abnahme?
Der Seelen-Spiegel

Dann frage dich **nicht**, ob du richtig isst!
Frage dich vielmehr, ob du glücklich bist.
Ob du im Einklang mit dir selbst lebst.
Ob du mit deinem Körper Frieden geschlossen hast.
Ob du ihn davon überzeugen konntest, seine Reserven, die dich schützen sollen, fallen zu lassen.
Ob du immer noch glaubst, dass Essen dick macht.
Ob du vielleicht deshalb zweifelst, das Richtige zu tun.
Ob du noch immer das Gefühl hast, nicht der Norm zu entsprechen.
Ob du schlank sein möchtest, um glücklicher zu sein – weil du dann der „Norm" entsprichst.

Wenn du dir diese Fragen überwiegend mit ja beantwortest, dann schaffst du dir Gefühle, die deinem Körper „schlechte Zeiten" vorgaukeln. Er trennt sich nur sehr ungern von seinen Reserven.

Unsere Norm ist die, die wir in den Medien sehen. Sie ist **geschaffen** von außen und kann verfälschter nicht sein.
Wer sich viel mit Menschen beschäftigt, wer sie beobachtet, sie studiert, der weiß, dass die „Norm" in meinen Gruppen sitzt.

Normale Menschen, die aussehen möchten wie ein kleiner, nur scheinbar „elitärer" Teil der Bevölkerung.

Mach dich frei von dem Glauben, nicht der Norm zu entsprechen.
Schließe **genau deshalb** Frieden mit deinem jetzigen Körper und überzeuge ihn durch das Signalisieren von „guten Zeiten", dass er seinen Schutz nicht mehr braucht.

Jetzt hast *du* den Zunehm-Teufelskreis durchbrochen. Nicht weil du richtig isst. Schon gar nicht, weil du das Richtige isst.

Hokuspokus? Nein! Biochemie, die **wir** beeinflussen können. Durch die Zentrale, unseren Kopf.

Körper-Spiegel

Bist du Diabetiker(in) und insulinpflichtig?
Brauchst du nachts ein Langzeitinsulin, dann arbeitet die Fettverbrennungsmaschine etwas eingeschränkt. Nichtsdestotrotz kannst du mit dieser Philosophie erfolgreich abnehmen. Für dich gelten die Naturmechanismen ebenso, auch wenn sich ein Rädchen in die andere Richtung dreht. Kümmere dich intensiv um die verbliebenen Zahnräder.

Dasselbe gilt, wenn durch zu wenig ausgebildete Muskulatur die nächtliche HGH- Ausschüttung sehr gering ist. Das ist nur ein Rädchen, das man aber wieder in Schwung bringen kann.

Antidepressiva, Kortison und einige andere Medikamente erschweren das Abnehmen. Wenn du diese oder andere Medikamente einnehmen musst, dann schau dir den Beipackzettel an und besprich dein Abnehm-Vorhaben auf jeden Fall mit deinem Arzt.

Auch bei der Schilddrüsenunterfunktion handelt es sich nur um eines der Zahnräder. Etwas mehr Geduld ist gefragt. Musst du mit der Einnahme der morgendlichen Tablette eine halbe Stunde bis zum Frühstück warten, dann mach dir darüber keine Sorgen. Deponier die Tabletten auf dem Nachttisch, stell dir den Wecker etwas früher und döse nach der Einnahme bis zum endgültigen Aufstehen.

Die Mehrzahl der Weltbevölkerung (ca. 90%) kann Milchzucker nach dem Säuglingsalter nicht mehr vollständig verwerten. In Mitteleuropa sind es ca. 10% bis 20%. Trinkst du viel Milch? Dann kläre bitte ab, ob du eine Laktoseintoleranz ausgebildet hast. Der Körper kann den Milchzucker nicht aufspalten und steht stark in Verdacht, ihn deshalb in seine Zellen zu befördern.
Müsli schmeckt übrigens auch mit Molke, Joghurt und allen möglichen Säften sehr gut.

Wie ich es bereits im Kapitel über die „Fettverbrennungsmaschine" beschrieben habe, kann Vitamin C den Gewichtsverlust unterstützen, da es die Produktion von HGH unterstüzt.

Auch Magnesium fördert die Gewichtsreduktion, da es die Sauerstoffversorgung der Zellen bei der Fettverbrennung verbessert.

Antje...

... saß mit verschränkten Armen im Startseminar der Sommergruppe. *„Ich kann nicht frühstücken, da muss ich kotzen. No way, wirklich nicht! Ich fahre in aller Herrgottsfrühe Brötchen aus und um 3 Uhr ist für mich die Nacht zu Ende. Um die Uhrzeit bring ich beim besten Willen noch nichts runter, ganz sicher nicht."*
Meine (Standard-)Antwort: *„Dann hast du keine Chance, leider, und wirst auf eine andere Weise abnehmen müssen. Mit meiner Philosophie braucht der Körper die Überzeugung, dass es genug Nahrung gibt. Sonst glaubt er nicht an gute Zeiten und wird nichts abgeben."*

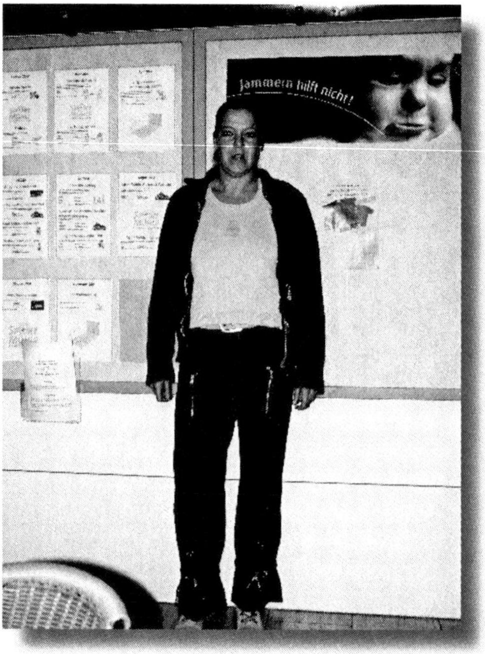

Antje

Die Gruppe bestand zur Hälfte aus Männern. Das ist eher selten und für mich immer ein Grund zur Freude. Männer stehen trotz der „Sixpackvorgabe" noch nicht so extrem unter dem Medien-Schönheitsdiktat, nutzen die Logik und setzen die wenigen Regeln sehr leicht um. Ihre schnellen Abnehmerfolge ziehen meine ewig zweifelnden Frauen immer mit.
Stefano, Kellner in der Kneipe seiner Eltern und einer der Mitstreiter von Antje, hatte zur gleichen Zeit Feierabend, wenn Antje aufstehen musste. Drei Wochen lang rief er Antje auf seinem Heimweg an und brüllte nur ***„Frühstück!!!"*** ins Telefon.

Antje nahm in den drei Monaten 14 Kilo ab. Am letzten Gruppentag schenkte sie mir einen kleinen Blumenstock mit einem Kärtchen darin, auf dem stand: *Danke, ich wusste nicht, wie einfach Abnehmen sein kann.*

Insgesamt hat Antje 22 Kilo verloren und ihr Wunschgewicht erreicht.

Antje

Erfahrungsbericht eines überzeugten „Lenaisten“

(von Joe)

Zur Vorgeschichte muss gesagt werden, dass ich, der Autor dieses Berichtes, vor etwa 13 Jahren mein Höchstgewicht von 150 kg erreicht hatte und das sich dann durch FdH und eine Kur mit Reduktionsdiät auf ca.120 kg einpendelte.

Rainer K.

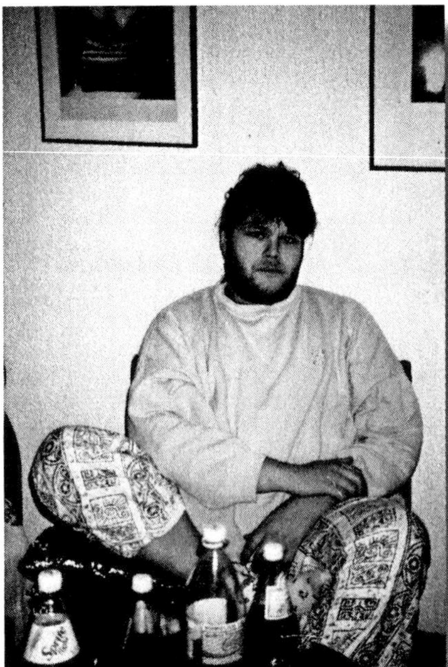

Durch einen Zufall (?) wurde ich vor ca. eineinhalb Jahren in eine Gewichtsreduktionsgruppe von Lena in der Sportmühle gebracht.

Das Erste, was mir aufgefallen ist, durch das „frühe" Frühstück wurde aus einem Morgenmuffel jemand, der danach durchaus sofort zu gebrauchen war.

Durch Einhalten von einigen Tipps aus Lenas Buch und regelmäßiges (nicht übermäßiges) Training in der Mühle stellten sich bald gewichtsmäßig Erfolge und auch nach Lenas Messmethode eine Körperumfangsreduktion von 52 cm ein.

„... durch das frühe Frühstück wurde aus einem Morgenmuffel jemand, der danach durchaus sofort zu gebrauchen war."

Daraus resultierte ein völlig neues Körperbewusstsein. Zwei Herrengrößen weniger und wieder nach Jahrzehnten die Möglichkeit, in jedem Kaufhaus ganz „normale Größen" einkaufen zu können, entlasten den Geldbeutel und die Seele. Das Selbstbewusstsein nimmt in allen Alltagsbereichen zu und bringt neue Lebensfreude.

Arbeiten im Büro oder im Haushalt fallen leicht und gehen flott von der Hand.

Plötzlich nehme ich sogar an Stadtläufen über 7 km, sportlichen Events, wie z.B. Rafting, teil, war zum ersten Mal im Leben mit Kollegen in den Bergen.
Dabei schaffte ich relativ mühelos 650 Höhenmeter auf und ab, ohne eine Bergbahn oder sonstige motorisierte Untersätze.

Grundlage dafür :
Alles essen, gut frühstücken, das war's auch schon!

Deniz

Deniz früher und heute

Sie arbeitet als Servicekraft im selben Studio wie ich und dachte, sie hätte die absolute VERPFLICHTUNG, dünner zu werden, wenn sie an der Gruppe teilnimmt. Als gutes Beispiel und Repräsentantin der „SportMühle" wollte sie allen anderen Teilnehmern vorangehen.
Zu jedem Motivationstreffen kam sie mit Angst im Nacken und es gelang mir nicht, ihr diesen Druck zu nehmen. Zu den letzten beiden Treffen erschien sie überhaupt nicht mehr. Sie wusste, dass sie kein Gramm abgenommen hatte.
Nach Ende der Gruppe verlor sie in drei Monaten 13,8 Kilo. Noch einmal zwei Monate später waren es insgesamt 20 Kilo. Deniz ist heute wieder schlank.

Warum hatte sie während der Gruppe nichts abgenommen?
Die Frage erübrigt sich, wenn man sich an meine Philosophie erinnert: Gute Zeiten, schlechte Zeiten. Der Gruppendruck war weg, der Klick kam mit Verzögerung hinterher, die Zellen gaben ihre Reserven ab. Sportliche Veränderung? Sie lief regelmäßig auf dem Laufband. Der Re-Test bewies: Innerhalb von 6 Wochen wurde aus dem kurzatmigen „Pummelchen" ein fitter, sportlicher Mensch.
Der Körper re-agiert immer. Die Zentrale hierfür aber befindet sich im Kopf!

Das große Missverständnis der Evolution

oder:

„Warum Frauen nicht mehr wollen“

Essen macht nicht dick, es sei denn, du isst falsch.
Die Evolution hat uns mit Energiespeichern für Notzeiten ausgestattet. Sie möchte einfach nur unser Überleben und unsere Fortpflanzung sichern, damit die Spezies Mensch nicht ausstirbt.

Für sie war und ist unser Zeitalter der Massenviehzucht, Gewächshäuser und vollen Kühlschränke niemals vorgesehen.

Schließlich weiß auch niemand, wie lange die fetten Jahre noch andauern.

Die Evolution meint es tatsächlich immer noch gut mit uns, auch wenn unsere Entwicklungen und Fortschritte die Rahmenbedingungen gravierend verändert haben. Auch Mechanismen, die unseren Fortpflanzungstrieb betreffen, haben eigentlich ihre Notwendigkeit verloren. Dennoch greifen sie noch immer…

In der Morgendämmerung der Zivilisation lebten Menschen nicht wie heute in Großstädten, sondern in kleinen Sippen und Verbänden.

Der tägliche Kampf ums Überleben war gnadenlos und nur die Stärksten kamen weiter. Die Schwachen erlagen einer natürlichen Auslese und gingen gnadenlos unter.

Hier beginnt ein weiteres Dilemma.
In all den Jahren, die ich mich nun mit den menschlichen Trieben beschäftige, mich mit Frauen und Männern unterhalte, taucht immer und immer wieder ein Problem auf, das ich für das totgeschwiegenste dieser Welt halte.

Es existiert in so vielen Ehen und Beziehungen, und scheint doch gar nicht da zu sein.
Vielleicht kommt dir die nächste Geschichte sehr bekannt vor:

Sabine

Sabine hat ihre Tage. Als sie morgens aufwachte, spürte sie schon dieses unangenehme Ziehen in ihrem Bauch. Einerseits hasste sie die allmonatliche Blutung, andererseits freute sie sich regelrecht darauf.
Heute und in den nächsten Tagen brauchte sie wenigstens kein schlechtes Gewissen zu haben ...

Sabine liebt ihren Mann Heiko sehr, das weiß sie wie nichts anderes. Die beiden sind seit fünf Jahren verheiratet und eigentlich glücklich. Sie haben zusammen einen süßen Sohn, Kevin.
Der war damals auch der Grund für ihre relativ schnelle Hochzeit.
Sabine kannte Heiko erst wenige Monate, als sie bemerk-

te, dass ein Baby unterwegs war.
Heiko war der Mann ihres Lebens, das spürte Sabine vom ersten Augenblick an. Deshalb heiratete sie ihn, ohne den geringsten Zweifel zu haben, an seiner Seite glücklich zu werden.
Sie bekamen den kleinen Kevin und alles war perfekt. Heiko hatte einen tollen Beruf und verdiente genug Geld.
Sabine ging in ihrer Mutterrolle völlig auf. Sex war für sie und ihren Mann sehr wichtig und immer wunderschön.

Das änderte sich bei Sabine nach ungefähr zwei Jahren.

Es geschah nicht von heute auf morgen, sondern kam eher schleichend.

Sabine hatte immer seltener Lust, mit Heiko zu schlafen. Es war ihr selbst ein Rätsel. Ihr sexuelles Interesse an ihrem Mann schien langsam einzuschlafen.
Heiko brauchte viel Einfühlungsvermögen und Geduld, wenn er mit seiner Frau schlafen wollte. Er schob es erst auf den Stress mit dem Kleinkind, aber Sabine wusste, dass es eben nicht so war. Ihr Sohn Kevin war ein denkbar liebes Kind und völlig unkompliziert und sie fühlte sich in keinster Weise gestresst und trotzdem …

Schon seit Monaten hatte sie nicht mehr die Initiative ergriffen, um mit Heiko Sex zu haben.
Im Gegenteil, sie war jetzt öfter froh, wenn er länger arbeiten musste und todmüde nach Hause kam.

Sie kochte dann sein Lieblingsessen und hoffte, er würde auf dem Sofa einschlafen.
War das nicht der Fall, benutzte sie immer öfter Ausreden, um nicht zärtlich werden zu müssen. Die berühmten Kopfschmerzen mussten genauso herhalten wie bleierne Müdigkeit oder eben ihre Periode.

Heiko war enttäuscht und die Stimmung zwischen ihnen wurde immer gereizter.

Sabine plagte Tag und Nacht ein schlechtes Gewissen, sie fühlte sich dadurch noch mehr unter Druck gesetzt. Das wiederum schien den letzten Rest ihrer Lust auch noch zu töten.

Das konnte alles doch nicht normal sein, sie war offensichtlich nicht normal. In den ersten Monaten ihrer Beziehung waren sie doch kaum voneinander losgekommen, hatte ganze Wochenenden im Bett verbracht. Heiko war ein wunderbarer Liebhaber und sie schlief gerne mit ihm.

Was um Gottes willen hatte sich jetzt verändert? Heiko war es jedenfalls nicht. Er war der gleiche gute Liebhaber geblieben. Sabine fand den Sex mit ihm auch nicht langweilig, aber ihr Körper schien einfach nicht mehr auf ihn reagieren zu wollen, sosehr sie es sich auch wünschte.

Konnte es an ihrer Vergangenheit liegen? Vielleicht weil das „erste Mal" mit einem Mann damals ein schlimmes Erlebnis war und Sabine sehr lange unter dieser großen Enttäuschung litt.

Oder hatte sie eine Krankheit, von der sie nichts wusste? Heiko nannte sie letzte Woche in seiner Wut und Enttäuschung frigide. War sie das wirklich? Sie liebte Heiko doch, aber wenn im Bett seine Hand unter ihre Decke glitt, wollte sie am liebsten weglaufen.

Das ging nun schon fast drei Jahre so. Inzwischen hatten die beiden aufgehört, darüber zu reden. Oft schlief Sabine mit Heiko um des lieben Friedens Willen. Das wiederum blieb ihrem Mann nicht verborgen und er schämte sich. Die Ehe begann zu kriseln. Sabine suchte Rat bei ihrem Gynäkologen.

Der konnte nichts Körperliches feststellen und riet zu einer Therapie.

Die innere Sperre, die sie empfand, wenn Heiko zärtlich wurde, schien immer größer und mächtiger zu werden. Sabine konnte nicht dagegen ankämpfen und ihr wurde klar, dass die Ehe über kurz oder lang zum Scheitern verurteilt war. Irgendwann würde ihr Mann sich das, was ihm fehlte, woanders holen - wenn er es nicht schon tat.

Es ist wie in einen Abgrund springen zu müssen und gar nicht springen zu wollen …
So beschreibe ich das Gefühl dieser Sperre.

Heiko

Heiko verstand die Welt nicht mehr. Alles könnte so schön, so perfekt sein, wäre da nicht der große Schatten, der über dem Familienfrieden hing. Sabine schlief immer seltener mit ihm.

Heiko hatte sich den Kopf zermartert. Als er Sabine kennen lernte, waren sie sexuell das absolute Traumpaar. Es gab Wochenenden, die sie komplett im Bett verbrachten und an denen sie nicht die Finger voneinander lassen konnten. Als Sabine schwanger wurde, heiratete er sie, aber nicht nur aus diesem Grund. Er wollte mit ihr alt werden, fand sie als Mensch phänomenal und als Geliebte absolut traumhaft.

Jetzt aber fühlte Heiko sich betrogen.

Die Nächte, die er mit seiner Frau in leidenschaftlicher Umarmung verbrachte, wurden immer seltener. Genau genommen gab es sie gar nicht mehr.
Anfangs machte er sich keine großen Gedanken, wenn Sabine mal wieder keine Lust auf Sex hatte. Er schob es auf den Stress mit dem Baby und die Mutterrolle, die für seine Frau neu war. Es würde sich schon alles wieder einspielen.

Aber nichts spielte sich wieder ein. Im Gegenteil! Sabine hatte schon lange nicht mehr von selbst die Initiative ergriffen, und wenn Heiko mit ihr schlafen wollte, kam er sich immer öfter wie ein Bittsteller vor. Das nagte an seinem Selbstbewusstsein. Machte er etwas falsch?

Liebte ihn Sabine nicht mehr, fand sie ihn unattraktiv? Hatte sie einen anderen?

Es blieb ihm auch nicht verborgen, dass seine Frau oft nur aus Pflichtbewusstsein mit ihm schlief.
Das verletzte ihn mehr als die ständigen Müdigkeits- und Kopfschmerz-Ausreden.
Wenn er sie fragte, dann versicherte Sabine jedes Mal, ihn über alles zu lieben. Heiko jedoch fiel es immer schwerer, das zu glauben.
Wenn sie ihn tatsächlich liebte, dann würde sie doch auch gerne mit ihm schlafen, so wie am Anfang …

Solche und ähnliche Geschichten, und meine eigene, veranlassten mich vor zehn Jahren, der Sache auf den Grund zu gehen. Ich fand sehr schnell heraus:

Was mit Sabine und Heiko geschehen war, ist keineswegs ein Einzelfall, sondern tatsächlich die Regel.

Als ich mich tiefer mit dieser Thematik zu befassen begann, war die Zahl derer, die von diesem Problem betroffen waren, erschreckend groß.
Es konnte sich nicht mehr um Einzelschicksale handeln.

Ich fand die Ursachen in unserer evolutionären Programmierung und genau dort liegt auch die Lösung ...

Ich möchte allen Menschen danken, die dieses Buch ermöglicht haben:

Danke, Annette (Pitzi), für deine Hilfe, für die großartige Unterstützung, dein immer offenes Ohr!
Ich danke allen Teilnehmern meiner Gruppen für ihre Offenheit und ihr Vertrauen.
Ich danke allen Usern meines Forums, insbesondere Brigitte und Nicole, für die wunderbare Atmosphäre voller Wärme und Herzlichkeit, die im Internet selten zu finden ist.
Ich danke den Gruppenleitern dafür, dass es durch euch Alternativen für Diät-Geplagte gibt. Danke für eure Arbeit und euer Engagement.
Ich danke Oli dafür, dass er durch seinen Erfolg meine Gruppen erst ermöglicht hat.
Ich danke Ralf für seine Ideen, seine Kreativität und sein Herzblut bei der Arbeit an diesem Buch.
Ich danke den Wissenschaftlern für ihre Untersuchungen, insbesondere dem Europäischen Institut für Lebensmittel- und Ernährungswissenschaften
Ich danke Norbert Haug, der mir immer wieder eindrucksvoll beweist: Alles ist möglich, man muss es nur tun!

Und ich danke meinem Freund Michael für seinen Glauben an mich.

Informative Links

Das Forum zu den Büchern:	www.fett-weg.biz
Gruppen und ihre Standorte:	www.lena-lightlife.de
Ausbildung zum Gruppenleiter:	www.light-life.net
Europäisches Institut für Lebensmittel- und Ernährungswissenschaften	www.das-eule.de

Quellenhinweise

1) VOX, Sendung vom 26.06.2004
2) www.medizin-magazin.de
3) Udo Pollmer: „Lexikon der populärsten Ernährungsirrtümer"
4) Udo Pollmer, „Prost Mahlzeit"
5) Udo Pollmer, „Prost Mahlzeit"
6) Udo Pollmer, „Lexikon der populärsten Ernährungsirrtümer"
7) Udo Pollmer, „Prost Mahlzeit"
8) http://science.orf.at/science/news/103078
9) E.U.L.E.nspiegel
10) www.zeitzuleben.de
11) www.fithura.at

Dieses Buch ist für alle Übergewichtigen geschrieben, die genug haben von unzähligen Diätversuchen und bereit sind, einen völlig neuen Weg zu gehen. Ich habe es auf Wunsch aller geschrieben, die wie ich der Meinung sind, dass jeder Mensch wissen sollte, wie einfach es ist, schlank zu werden. Und schlank zu bleiben.

Broschiert - 106 Seiten
ASUG Verlag, Marsberg
ISBN: 393459414X
Euro 12,49

Essen heißt das Zauberwort dieses Buches und zu wissen, wann und warum der Körper Fett einlagert und wie man ihn dazu bringen kann, seinen überflüssigen Ballast wieder abzugeben. Unser Organismus ist eine von der Evolution perfekt ausgerüstete Überlebensmaschine. Sie gilt es zu verstehen, um dann ihre Zahnräder in die richtige Richtung zu drehen: Vom Fetteinlagern zum Fettverbrennen.

Das Einzige, was Lena Bredow verbietet, sind Hunger und Diäten. Essen macht nicht dick, nicht essen macht dick!

Broschiert - 116 Seiten
ASUG Verlag, Marsberg
ISBN: 3934594190
Euro 12,49

Wie bereits in ihrem ersten Buch „Warum essen nicht dick macht", greift die Autorin auch diesmal wieder ein hochinteressantes und wichtiges Thema auf, das viele Menschen bewegt, ihr Leben beeinflusst und Schicksale gestaltet. Wenn in einer Beziehung die Leidenschaft der Frau stirbt, dann gibt es kaum ein größeres Dilemma. Vorwürfe, Selbstzweifel, Missverständnisse, Frust und Wut läuten oft das endgültige Ende einer Liebe ein und immer öfter führt es zu Scheidungen. Dieses Buch wird Ihnen die Erklärung für die Gründe der einschlafenden Erotik liefern. Sie liegen in der menschlichen Entwicklungsgeschichte und sind somit in unseren Genen verankert. Ist dies das Todesurteil für jede existierende Beziehung? Müssen wir es fatalistisch hinnehmen? Keinesfalls. Für jedes Problem gibt es eine Lösung. Für jedes Dilemma einen Ausweg. Lena Bredow hilft Ihnen mit dem Wissen über die Ursachen des Problems, der Evolution und ihren genetischen Programmierungsmechanismen ein Schnippchen zu schlagen.